若者の取扱説明書

「ゆとり世代」は、実は伸びる

齋藤 孝
Saito Takashi

PHP新書

目次

若者の取扱説明書

「ゆとり世代」は、実は伸びる

第①章 コツを摑めば、今の若者は驚くほど伸びる

第②章 若者たちは意外にがんばれる

第③章

日本の組織には、「褒めコメ」が足りない

第④章 若者との〝異文化〟コミュニケーション術

第⑤章

タイプ別・「困った若者」の処方箋

第⑥章 若者たち自身が考える、「若者のトリセツ」

第1章

コツを摑めば、
今の若者は驚くほど伸びる

真面目だけど
消極的な若者を、きちんと
課題に取り組ませるためには?

↓

「自分だけ取り残されたくない」
という気持ちを
うまく利用すればいい。

「今の若者はダメ」は間違いだった

以前、英語教師を目指す学生を対象とした私の授業で、ちょっとした〝事件〟が起きた。英文によるレポートを課題に出したところ、全員がレポート用紙一枚しか書いてこなかったのである。

私はこれまで、二〇年以上にわたって多くの若者たちと向き合ってきた。レポートを課すのも茶飯事《さはんじ》で、特に分量は指定しないものの、「できるだけ長く」と言い添えるのが常だ。そうすると、中にはおざなりに一枚しか書かない者もいたが、一方では魂を込めるように七〜八枚書く猛者《もさ》もいた。意欲や興味の個人差によってバラつくことが、従来の慣例だったのである。

ところが、ついに全員が一枚。とにかく最低限の作業だけして、その場をやり過ごそうということだろう。学生たちがそう明言したわけではないが、短いレポートを読めばそんな意図はすぐにわかる。しかもその授業は教職志望者を主な対象にしたものだった。やがては教壇に立ちたいという意欲を持っているはずの学生たちがこの調子だから、私は愕然《がくぜん》としたのである。

「ゆとり世代」と呼ばれる昨今の若者たちは、世間的にあまり評判がいいとはいえない。人口減もあり、学力も下降気味だ。しかし、いわゆる「学力低下」もさることながら、もっと気になるのは覇気《はき》のなさ、積極性の欠如である。このままでは、大学の授業も高校や中学レベルまで引き下げて、手取り足取り指導しなければいけなくなるのではないか。私はそう危惧していたのである。

私だけではない。おそらく「今どきの若者は……」と困惑または批難している中高年の方々にとって、彼らの印象は「おとなしい」「真面目」「何を考えているかわからない」といったところだろう。その〝サンプル〟は周囲にいるせいぜい一〇人程度だろうが、これは間違っていないし、私も少し前まではほぼ同じ印象を持っていた。

だが、私は見落としていた。毎年数百人の若者とつき合い、授業をしたり、飲みに行ったり、トラブルを処置したりしていながらも、勘違いしていた。一年ほど前から、私は彼らにある種の〝手応え〟を感じ始めている。「こう指導すればよかったんだ」というものを完全に摑んだのである。

あらかじめ結論を述べておこう。**今どきの若者は「驚くほど伸びる」**。ただし放っておいても伸びない。つき合い方をガラリと変える必要がある。私の〝サンプル〟は毎年数百人だから、確度も高いはずだ。

良くも悪くも「おとなしくて真面目」

そもそも、「ゆとり世代」はさぼり世代ではない。むしろ、出された宿題はかならずやってくる。ただ問題は、過剰な情熱というものを持たないことだ。若者の側から「どんどん学ばせてください」「これは自分にやらせてほしい」「この部分がどうしても理解できない」などと食ってかかってくるようなことが、まずない。だから、上司としては物足りなさを感じてしまうのだろう。

そこで若者の顔色を窺《うかが》い、遠慮しながら作業を頼んだりすると、彼らもこちらの顔色を窺ってくる。結局、お互いにすくんで身動きが取れなくなったり、大した結果を得られなかったりするのである。

例えば大学の三〇人のクラスでも、「誰か発表してくれ」という言い方をすると、手を挙げる者はまずゼロである。「これに対してアイデアのある人は？」と尋ねても黙るだけ。ところが、「じゃあ、君はどう思う？」とこちらから指名すると、立派な意見を言ったりする。つまり彼らは、まったく何も考えていないわけではないのである。

それは喩えるなら、サッカーボールを使ってサッカーではなく蹴鞠《けまり》をしているようなものといえるだろう。それなりにリフティングの技術を持っているのに、パスを延々と回すだけで、誰もゴールを狙わない。だから、いつまでも先に進めないのである。

おそらく彼らとしては、「突出して恥をかきたくない」という心理があることが一つ。それに、周囲から「あいつ、何がんばっちゃってるの？」と積極性を冷やかされることも避けたいらしい。あるいは、「人が通った道でなければ危なくて通れない」という慎重さも持ち合わせている。最近は「草食化」という言葉もよく聞くが、その草食動物さえ恐れる小動物のように、何に対しても「怯え」の意識を持つわけだ。

私が初めて明治大学の教壇に立った二〇年ほど前なら、学生はもう少し猪《いのしし》のような無鉄砲さを持っていた。飲み会でも大騒ぎをしたり、いつの間にか裸になる者がいたりするのが当たり前だった。当時の明治大学の学生は特別バンカラかもしれないが、もはや「恥」の概念がなかったといっても過言ではない。むしろ恥をかいてでも目立ちたい、受けたいという気質があったような気がする。

それに比べると、今は隔世《かくせい》の感がある。「積極的」「消極的」を縦軸、「真面目」「いい加減」を横軸にして座標平面を描いてみると、「積極的」で「真面目」なら昔も今も優等生だが、昔も今もそう多くいるわけではない。現実的には、昔は「積極的」で「いい加減」な学生が多かったのに対し、今は「消極的」で「真面目」な者が多い。対極的な姿に移行したわけだ。これを「進化」と取るか「退化」と見るかは微妙だが、おかげで世間からは「エネルギー不足」と見られてしまうわけだ。

全員にハードなミッションを

だがこういう気質は、若者にとって弱点ではない。むしろ最大の長所にもなり得る。

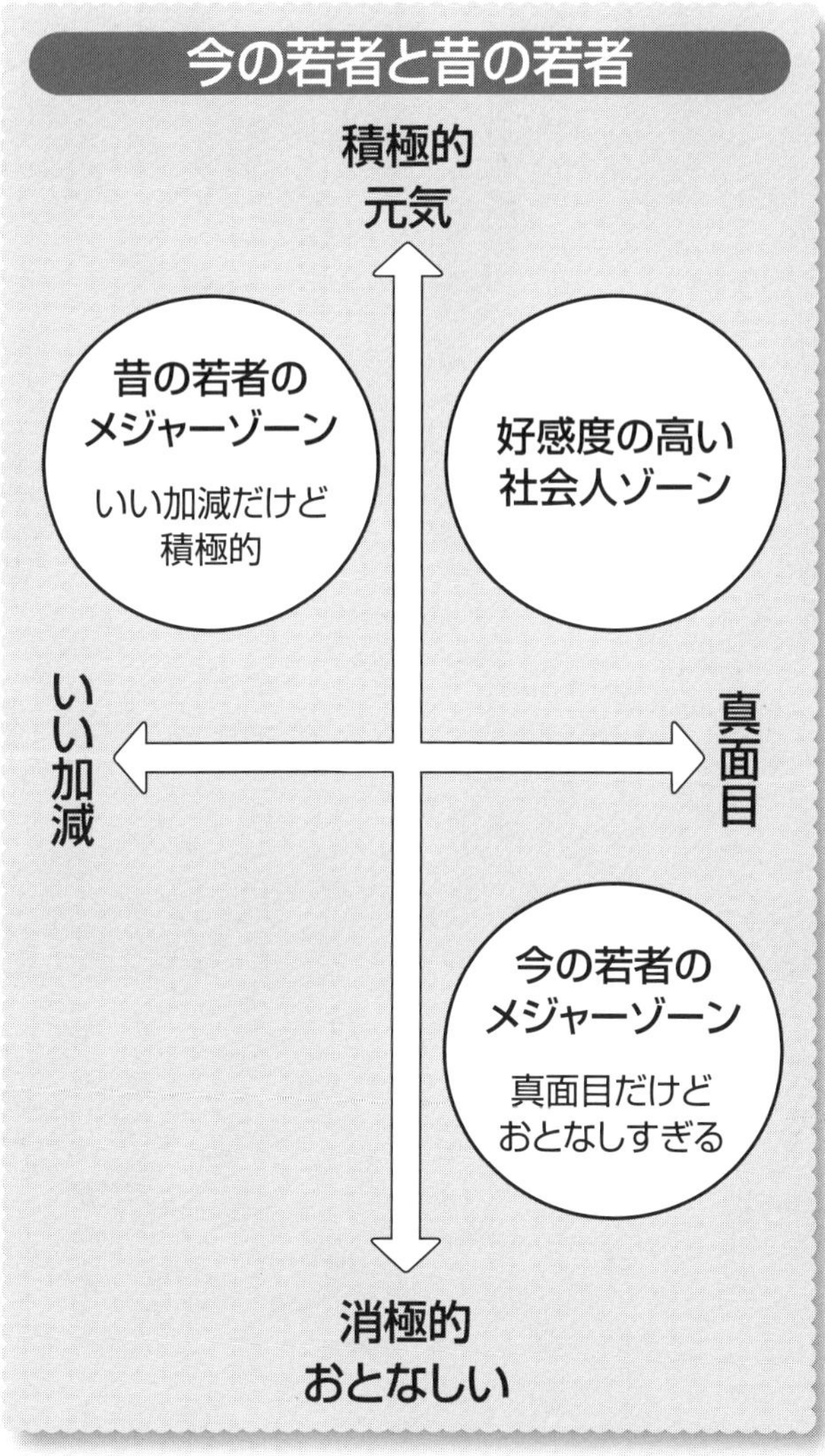
今の若者と昔の若者
積極的
元気
昔の若者の
メジャーゾーン
いい加減だけど
積極的
好感度の高い
社会人ゾーン
いい加減
真面目
今の若者の
メジャーゾーン
真面目だけど
おとなしすぎる
消極的
おとなしい

そのための方法を、私は**「逆手《さかて》指導ステップ」**と呼んでいる。「消極的」「真面目」という彼らの気質を、文字どおり「逆手にとる」のである。またこれには手順があり、それを繰り返すことで彼らはどんどん向上する。きちんとステップを踏むと、どんどん「積極性サイクル」にはまってくる。

その要諦《ようてい》をあらかじめ述べておけば、〝キモ〟は大きく三つある。

一つは、躊躇《ちゅうちょ》せずに「ハードトレーニング」を課すこと。

二つ目は、全員一律に同じミッションを与えること。

そして三つ目は、惜しみなく褒め称えることだ。

かの連合艦隊司令長官・山本五十六《いそろく》の有名な言葉に、「やってみせ、言って聞かせて、させてみて、褒めてやらねば人は動かじ」がある。当時の軍人たちでさえ、単に「やれ」と命令するだけでは動かなかったということだろう。まず指導者である自分を信頼させ、やり方を筋立てて説明し、見守るように接することで、ようやく主体的に動くようになる。こう看破《かんぱ》したあたりが、山本のすごいところである。「逆手指導ステップ」は、いわばこの現代版であり、心の弱くなった若者バージョンである。

私は大学で主に教職を目指す学生を指導しているため、しばしば「いい授業プランを考えてみよう」という課題を出す。これは会社でいえば、「いい企画を出せ」に相当するだろう。

そうすると、中には熱心に考えてくる者もいるが、最低限のレベルで済ませようとする者もいる。前者は指名されても落ち着いて発表してくれるが、後者は怯えた目をして指名されないことを願うのみ。こういう学生が混在すると、授業はさして盛り上がらないのである。

そこであるとき、「**全員発表方式**」に切り換えることにした。「せっかく考えてきたのに発表しないのはもったいないでしょ」とけしかけ、全員が一人ずつ前に出て、プロジェクターで自身の企画案を示しながら、三〇秒でプレゼンすることにしたのである。

一人が話している間に次の者は脇で待機し、交代に三秒以上かけないこと、前置きは不要、すぐに話し始めること、といったルールを設定すれば、四〇人いても二〇分で終了する。当初は「一人あたり一分」にしようかとも思ったが、人数が多い分、聞く側が飽きてしまうおそれもある。だから三〇秒に凝縮してもらうことにした。いずれにせよ、「三〇秒全員プレゼン方式」自体、おそらく大学の授業としては画期的にスピーディだろう。

真面目だからこそ、追い込まれるとがんばる

この方針を示したとき、さすがにおとなしい学生たちも悲鳴を上げた。ただでさえ小動物気質で緊張しがちなのに、およそ四〇人もいる教室で全員に向かって話すなど、彼らにとって正気の沙汰ではない。実際、しどろもどろになったり、三〇秒で収まらなかったりする者が続出した。企画の中身は、玉石混淆《ぎょくせきこんこう》で、全体としては低調だった。

私の授業は、終了後に簡単な感想を書いてもらうことを恒例としている。このときには「すごく緊張した」「心臓がバクバクして、何を話したか覚えていない」というものが少なからずあった。彼らにとって相当な〝恐怖体験〟だったことは間違いない。

だが変化が表れたのは、早くも翌週からだ。同じく全員に発表を課したところ、企画の質が俄然《がぜん》向上したのである。話し方がまだたどたどしい者はいたが、これも前週に比

べれば改善した。その翌週には、慣れも手伝ってさらに上手くなった。動画を早送りで見るように、急激に変貌を遂げたのである。

要因は明らかだ。**彼らは「もう逃げ場はない」と諦め、または開き直るしかなかった。**できることは、三〇秒間で恥をかかぬよう、準備に全力を尽くすことだけだ。それが、にわかな成長につながったのである。

なお、昨今の若者に対して「勘違いしている者が多い」という批評をたまに聞くことがある。そういう者もいるかもしれないが、私の印象は違う。傍《はた》から「ダメだな」と思われている部分については、自身でもダメだと自覚していることが多い。むしろ勘違いという意味では、二〇年前の学生のほうが激しかった。ろくに勉強も努力もしないのに、「俺はビッグになる」「成功するはず」と豪語する者が少なからずいた。それに比べれば、今の若者はずっと自分を冷静に見ているのである。

例えば、財団法人日本青少年研究所などが二〇一一年に日本、アメリカ、中国、韓国の高校生を対象に行ったアンケート調査によると、日本の高校生だけ自己評価が極端に低い。「自分はダメな人間だと思うことがあるか」という問いに対し、「よくあてはまる」「まあまあてはまる」との回答がアメリカは五割程度、中国は四割程度、韓国は三割程度なのに対し、日本は八割を超えているのである。

また、同研究所が二〇一二年に行った調査によると、「将来は起業したい」と答える高校生は中国が三一%、アメリカが一九%、韓国が一二%であるのに対し、日本はわずか六%でしかなかったという。「社会的に偉くなりたい」と答える者も、米中韓ともに七割以上であるのに対し、日本だけ五割以下だった。「責任が重くなる」とネガティブに捉えているらしい。

この傾向は大学生にもある。実力では同等であっても、自信を持てずにいる。「自分では通用しない」と最初から諦め、だからチャンスが巡ってくることもなく、ますます自信を失うという悪循環に陥っている場合が多いのである。

周囲もがんばれば、自分もがんばる

「全員発表方式」には、もう一つ大きなメリットがある。「周囲のみんながやっている

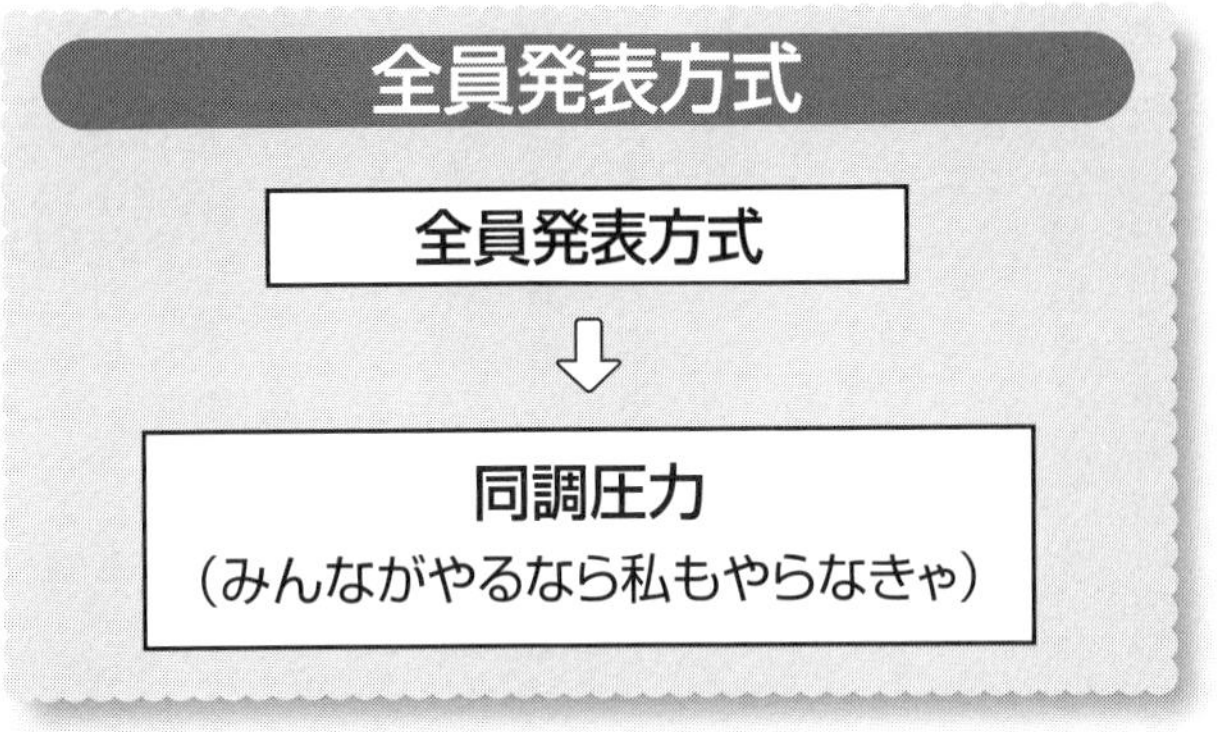

から、自分もやらなきゃ」という意識が生まれることだ。私はこれを「同調圧力」と呼んでいる。

料理で使う圧力釜は、素材に圧力をかけることで変容をもたらす。同様に、人間が何かをなし遂げるとき も、何らかのプレッシャーが原動力になることはよくある。例えば受験勉強にしても、「学歴社会」という現実があるからこそ、より〝いい大学〟を目指してがんばろうという気になれるのである。「そういう社会が悪い」「学歴なんか関係ない」という批判はよくあるが、ではもし学歴社会意識が完全になくなったとしたら、どうなるだろうか。大学はいよいよ同質化し、「どこに行っても同じ」という意識になるから、誰も勉強をしなくなる。そうするとますます学力が落ち、日本の国力も低下することになる。それを是《ぜ》とする人はいないはずだ。

ただし圧力といっても、「競争に勝て」「トップを目指せ」といった類では弱い。今の若者には、そういう意欲が乏しいからだ。仮に教室でトップの成績を取った学生を先生が褒め、「みんなもがんばれ」とハッパをかけたとしても、あまり響かないだろう。「がんばりたい人ががんばればいい」と冷めているに違いない。

それより有効なのは、「取り残されてもいいのか」と〝脅し〟をかけることだ。集団の中にいる彼らにとって最大の恐怖は、自分一人だけ浮いたり、さぼっていると見られることだ。もともと叱られることに慣れていないし、恥もかきたくない。それに「真面目が取り柄」と自覚しているところがあるため、それを自ら否定するような状況には陥りたくないのである。

ひと昔前の世代なら、「得意なことにエネルギーを注いで、その他の部分はできるだけ手を抜こう」と考える学生も珍しくなかった。ところが今は、「言われたことをひととおり、最低ラインでやり過ごす」という発想が主流だ。それはちょうど、高校生の発想と同じだ。最低限の勉強さえしていれば、よほどのことがないかぎりは卒業できる。

大学も同じようにやり過ごそうと考えているわけだ。

そんな彼らの発想を逆手にとり、努力しなければやり過ごせない状態に追い込む。それによって安易な大学生活設計を破壊する。それだけのインパクトを秘めているのが、「同調圧力」なのである。

そしてもう一つ、「全員発表方式」には欠かせないルールがある。聞く側は、**とにかく拍手をして発表者を讃《たた》えるということだ。**中身がどうであれ、何らかの準備をして全員に向けて発表したこと自体を称賛するのである。

これは甘やかしではない。後でも述べ

るが、まずは「苦労が認められた」「自分にもできた」と自信を持てるような場をつくることが重要だ。そういう場があれば、質は自ずと高くなっていくのである。だからまず、質よりも何よりも、「その人のやる気の好循環というものを引き出す」サイクルに入ることが最も大事なことである。一度サイクルに入ると、あとはとめどなく良くなっていく。

四人一組でディスカッションや相互プレゼンをして、毎回「一番良かった人」を指名していく。その獲得票を記録し、ポイントとして貯めていく。そうすると、中には数カ月で累計一〇〇票以上集めてしまう者もいれば、ほとんど集められない者もいる。実力差が歴然となるわけだ。さらにメリハリをつけるために、〝MVP〟の選出も行っている。全員が五票ずつ持ち、クオリティが高かったと思える上位五人に投票するのである。

得票の少ない者がやる気をなくしてしまうかというと、そうではない。オープンなルールの下で公平に投票した結果だから、序列が明らかになることも厭《いと》わない。結果は素直に受け入れるし、票を稼げる者に惜しみなく拍手を送るのである。

より高いレベルに合わせようとする

意外に思われるかもしれないが、彼らには「いいものに合わせていく」という性質がある。

個々人のプレゼンには、当然ながらレベル差がある。中には、充実しているとは言い難い発表もある。私が当初危惧していたのは、そういうプレゼンを聞いた他の学生が、「この程度でいいのか」と安心してしまうことだ。「ならば自分も適当に」という空気が広がれば、授業全体のレベルが下がりかねない。

そうなれば、やはりあらかじめ優れた企画を選んでプレゼンしてもらったほうがいいということになる。その時点で、「全員発表方式」は崩壊するわけだ。

だがこれは、私の杞憂《きゆう》だった。**学生たちは易きに流れず、むしろ優れたプレゼンに刺激を受けた。**「だったら自分もやってみよう」とばかりに、今まで以上に深く広く勉強して準備するようになったのである。

もともと彼らは、たいへん素直でひねくれたところがない。仲間の優れたプレゼンに対し、下手に競争意識をむき出しにして妬《ねた》んだり、「それでも自分のほうが優っている」などと根拠のない自信を持つこともない。「いいものはいい」と正しく評価する目も持っているし、そういうものに対する憧れもある。それを表に出す機会がなかったから、なんとなく冷えていたのだ。身近にサンプルがあり、自分も同じ土俵で勝負するとなると、自然に燃えてくるのである。

ここでの大きなポイントは、このプロセスにリーダーは介入していないということだ。授業の場合には私がリーダーということになるが、私は場とルールを設定しただけで、ことさら学生に「いいプレゼンを見せてくれ」「質を高めよ」などと訴えたわけではない。にもかかわらず、彼らは自主的に勉強し、能力を高めた。

「相互に刺激を受ける場づくり」がいかに重要か、この一件だけでもわかるだろう。

そういう場さえつくれば、若者は大きく変わる。ひとたび苦労が認められて周囲に褒められると、もっといいものを発表しようという気になる。

実際、この方式にして以降、学生たちのプレゼンのレベルは日に日に向上した。『徒《つれ》然草《づれぐさ》』や『論語』、さらには『罪と罰』を素材にして授業をつくるという課題まで難なくこなしたほどだ。全員が一週間でこの大著を読みこなし、なおかつその魅力が伝わるようアイデアを考えてきたわけだ。

例えば、主人公ラスコーリニコフを中心とする人間関係図を描いてきた者もいれば、ストーリーの一部分をマンガで見せる者もいた。中でも絶賛を浴びたのが、「ラスコーリニコフ検定」のアイデアだ。設問に答えると「ラスコーリニコフ度」がわかるという仕組みである。

すると前述のとおり、絶賛は絶賛だけで終わらない。翌週さっそく、『赤と黒』の主人公ジュリアン・ソレルをイメージした「ジュリアン・ソレル検定」を考えてきた者がいた。「ラスコーリニコフ検定」に刺激を受け、そのフォーマットを使って自分でもつくってみようと思い立ったのだろう。

元来、日本の職人の世界では、ワザは教えてもらうものではなく「盗む・真似る」ものだった。今の若者にその根性があるか不安に思っていたが、それは杞憂だった。職人のＤＮＡは、彼らにも受け継がれているらしい。

ただし、仮に同じアイデアを私が提示していたら、彼らはそれを盗もうとはしなかっただろう。それは彼らにとって、やや距離を感じるからだ。いわば親が手本を見せているようなもので、それを真似ることに価値を見出していない。**同年代やちょっと上の世代が見せてくれるからこそ、刺激を受けて「自分もやってみよう」という気になるのである。**

ひとたびサイクルに乗れば、もともとの能力差を消してしまうほど、全員のクオリティが高くなる。この事実から見えてくるものは明らかだ。若者を伸ばそうと思うなら、一対一の師弟関係を築こうとするより、まずサイクルをつくることを考えたほうが有効なのである。むしろ**「サイクルが人を育てる」**と決めてかかったほうがいいかもしれない。相互刺激の場がモチベーションを高めて、より相互刺激が強くなるサイクルをつくること。これは大学のみならず、会社組織にも当てはまるだろう。

そして「世界標準」へ

一週間で全員がドストエフスキーの『罪と罰』を読破し、それをもとに中高生向けの授業プランを発表するということは、大学の授業としてきわめてレベルが高い。しかも四〇人四〇色でそれぞれ特徴があり、いずれも魅力的だ。それを毎週続けたのだから、その成長ぶりは「すごい」の一語に尽きる。「おとなしい」「弱々しい」といわれる彼らだが、実はハードトレーニングに耐える力を持っているのである。

ただし、私が手放しで褒めると、「自分たちのやっていることはふつうではない」と気づいてしまう。それは緊張を解き、場合によっては慢心にもつながりかねない。だから代わりに、私はこう言って彼らを叱咤激励した。

「君たちは世界標準を目指せ」。

これは大げさな話ではない。ドストエフスキーやニーチェのような世界的な思想家を扱う以上、それは世界を舞台に戦っていることに等しい。しかも、これらの作品群を世界でどれだけの人が読んでいるかというと、実はごく少数だ。まして、これらを中高の授業の教材にしている国もほとんどない。

その中で、これだけ魅力的な授業をつくれるということは、世界の教育界においてトップグループに入っていることは間違いない。その意味で、彼らは十分に世界標準を狙える位置にいるといえるだろう。またそう自負することが、自信とともに次の課題へのモチベーションにつながっていくのである。

そのいいモデルが、サッカーの日本代表だろう。近年にわかに強くなったのは、世界標準が現実に見えてきたからだ。そこから逆算することで、自分たちに何が足りないのか、どう補えばいいのかがわかるようになったのである。

また周知のとおり、すでに多くの日本人選手が海外で活躍している。その事実が、Jリーガーやプロを目指すアマチュア選手にどれだけ自信と勇気を与えているかは計り知れない。ひと昔前なら夢だった世界が、今では自分との距離感をリアルに測れるようになっているのである。

あるいは小さな町工場でも、実はある部品において世界シェアの一角を担っているというケースはよくある。それを維持・拡大するには、品質管理とともに「世界と戦っているんだ」という気概が欠かせない。それが、日々の仕事の原動力になっているはずだ。

当然ながら、教師の世界には世界ランキングも世界シェアもない。だが、「ある基準で見れば世界トップクラスの課題をこなしている」という意識を持てば、視野がグッと広がる気がしてくる。それが活力になるわけだ。

三〜四人のチームで〝ワーク〟する

ところで、自分のアイデアを人前で発表することはいい勉強になるが、コミュニケーションが一方通行になりやすいというデメリットもある。もう少し深い部分や細かい点について詰めるには、インタラクティブなディスカッションのほうが適している。

そこで、相互プレゼンの次の段階として、教室の学生たちを三〜四人のチームに分け、それぞれ議論して一つの結論を出してもらうこともある。個々人があらかじめアイデアを用意することは、全員の前で発表する場合と同じだ。それをチーム内で出し合い、チャンピオンを決めるなり、すり合わせるなりして一つの案にまとめるのである。

そうすると、アイデアは必然的に練り込まれてクオリティが高くなる。同時に、チームで協力して一つのものをつくり上げていくおもしろさに目覚める。「チーム」といえば「チームワーク」という言葉がただちに連想されるように、そもそもワークがなければチームとは呼べない。単に三～四人が集まっただけでは、集団でしかない。ワークを通じて結束が強まり、チームが形成されていくのである。

もともと学生たちは三～四人で組んで作業することを好むが、意外にその機会に恵まれてこなかった。運動系の部活でも経験していれば別だが、勉強にしろ、趣味にしろ、たいてい一人で取り組む訓練を積んできた。「全員発表方式」も、その延長線上といえるだろう。ただ、個人が晒《さら》されるばかりでは、さすがに「個」として精神的に疲れてくる。だからチームで議論し、発表する場を設けたのである。

そしてもう一つ、ここには重要なポイントがある。**「一人が発表したら、とにかく他のメンバーは褒めまくれ」**ということだ。「全員発表方式」の場合は拍手や投票の形でしか反応できないが、少人数なら口頭や表情で褒めることができる。これもチーム分けのメリットといえるだろう。

今の若者は、聞く側に回るとほぼ無反応になる傾向がある。ずっと黙ったまま、頷きもしなければ相槌《あいづち》も打たない。まして褒めたり反論したりすることもない。これは話している側にとって、きわめて居心地が悪い。だからつい口が重くなり、ますます場が沈んでいくという悪循環に陥るのである。

そこで、発言に対して意見や感想を返すまでは行かなくても、せめて「すごいね」とか「へえ～」ぐらいの声を出すことをルールにした。そういうささやかな褒めコメント（略して「褒めコメ」という）があれば、場の空気も和らぐため、発言者も安心して話せるようになる。それがお世辞半分とわかっていても、褒められて悪い気のする人はいない。だからますます「いいことを言おう」と躍起《やっき》になる。それが活発な議論を生むわけだ。

まして今の若者は「ゆとり世代」と呼ばれ、ずっとネガティブな評価を下され続けてきた。それに時代的にも、彼らは日本経済が好調だった時期を知らない。高度経済成長どころか、バブルの舞い上がり方さえ経験していない。逆に「もう成長できない」「アジア各国に追い抜かれる」「高齢化が世界一深刻」など、ネガティブな情報ばかりを見聞きして育ってきた。したがって、根本的なところで自信を持てずにいるのである。

そのため、彼らの「褒められたい願望」はきわめて強い。たった一言の「褒めコメ」でも、勇気百倍の栄養剤になり得る。だから義務付けたわけだ。

その効果はてきめんだ。どちらかというと保守的で「チャレンジ精神が足りない」とよく指摘される彼らが、きわめて斬新で冒険的なアイデアを披露したりする。それは、「何を言っても受け入れてもらえる」「むしろ褒められる」という安心感があるためだろう。「褒めコメ」が、いわば鉄棒競技におけるマットの役割を果たしているわけだ。**「失敗して落下しても、そこには褒めコメが待っている」という安心感**があるから、難易度の高い技に挑めるのである。

「不安遺伝子」をプラスに使え

もともと日本人は、「不安遺伝子」が強いといわれている。

古人類学によれば、現世人類がアフリカで誕生したのは、およそ二〇万年前だ。彼らはそこから全世界に拡散し、その末裔《まつえい》が日本にも辿り着いた。その間、肌の色や体格が変化したが、同時に「不安遺伝子」の量も変化した。アフリカ系黒人のそれは少ないが、日本人は九〇％以上が持っているらしい。長い旅を続けているうちに、増えてしまったのだろう。同じことをしていても、日本人は不安に思う可能性が高いわけだ。

では、それが欠点かといえば、けっしてそうではない。日本は文明的に最も完成された国の一つだが、それはある意味で小心者のなせる業《わざ》だろう。常に怯えたり、不安に思ったりするからこそ、何かを決断したりものをつくったりする際にも慎重になる。その成果が、例えば完成度の高い自動車であり、無事故を続ける新幹線なのだろう。

あるいは、日本人は「おとなしい」「謙虚」ともよくいわれる。例えば電車内や飲食店のような公共スペースでも、概して秩序を重んじるし、マナーもできている。そのおとなしさが世界でも稀であることは、おそらく世界中の人が認めるだろう。

だが、これも欠点ではなく、進化の結果だ。ユダヤ系ドイツ人の社会学者ノルベルト・エリアスは、著書『文明化の過程』（法政大学出版局）の中で、文明化とはマナーの歴史だと説いている。野蛮さを克服し、上品になっていくプロセスであるというわけだ。その観点でいえば、日本人はきわめて高度に文明化されているといえるだろう。

たしかにその分、「ワイルドさが足りない」という見方もできる。世界から「エコノミックアニマル」と揶揄《やゆ》されたのも、もはや昔の話だ。そんな時代だから、今さら若い人にワイルドさを求めることはできない。むしろ「おとなしさ」に拍車がかかっている感すらある。ならば、そのおとなしさを逆手にとって彼らを伸ばそうというのが、ここまで述べてきた「逆手指導ステップ」だ。

そこで重要になるのが、職場において若者らを指導する立場にある人――上司や先輩、プロジェクトリーダーなど――のスタンスだ。今の若者は、自由放任では育たない。かといって、威圧的に厳しく接すればいいというわけでもない。懇切丁寧な指導も、奏功するとはかぎらない。あるいは甘やかしてもダメだ。

ポイントは、いかに組織の中で「同調圧力」をかけ、自ら高みを目指すように仕向けるか。これは指導者の資質やキャラクターの問題というより、そういうシステムを組織に導入できるかどうかの問題だ。つまり、誰でも知識・技術として身につけることができるのである。

第2章

若者たちは意外にがんばれる

会議で若者に
意見を出させる
ためには?

↓

「全員レジュメ方式」

「3～4人のチームに分ける」

「ホワイトボードに箇条書き」

が有効。

断固たる姿勢が若者を安心させる

かのダーウィンは、「進化論」の原典ともいうべき著書『種の起源』の中で、「自然選択」の概念を提唱した。自然はいいものだけを残し、悪いものを捨てていく。その選択をけっして間違わないということだ。人間の成長にも、おそらくこの原則は成り立つ。それが、「逆手指導ステップ」がうまくいく論拠でもある。

ただし、これには大きな前提条件がある。**あらかじめ上司がハードで明確な指示を出すこと、そして明確な評価基準を示すことだ。**それを前提として、部下は善し悪しを判断していくのである。

いい換えるなら、ミッション部分とディスカッション部分をきっちり分けるということでもある。ディスカッションをおおいに行うのはけっこうだが、ミッションに関しては有無を言わせない厳しさが必要だ。

前章の冒頭で挙げた学生たちの話でいえば、「提出するレポートの枚数は任意」と曖《あい》昧《まい》な指示しか出さないでいると、最低限の一枚しか書かない者が続出する。かといって、「適した枚数を全員のディスカッションで決めよう」と私が言い出したとしても、学生たちは「そんなことはわかりません」と拒否するだけだろう。最初から私が「最低でも三枚は書くように」と指示していれば、おそらく全員が三枚ずつ書いてきたはずである。

会社組織でも、同じことがいえるのではないだろうか。「部下が思うように動いてくれない」と嘆く上司は少なくない。だがその原因は、部下の能力というより、上司のミッションが明確ではないことにある場合が多い気がする。まずは、その部分を見直してみる必要があろう。

典型例は「とにかくがんばれ」「根性を見せろ」といった類だ。これでは丸投げしてプレッシャーをかけているだけで、何らミッションにはなっていない。結局、やり方がわからないから、部下にとっては「教えてもらっていない」という話になる。だからやりようがないし、やる気も出ないわけだ。

必要なのは、中途半端ではなく具体的に指示を出した上で、「絶対に譲らない」とい

う姿勢を示すことだ。「グラウンドを一〇周走れ」と指示を出したら、けっして七周には割り引かない。「もうフォーマットは決まっている」「こういうルールになっている」「システムとして動いている」と押し通す。若い人は、押し切られることをそう苦にしない。断固たる姿勢を示されると、かえって「そのとおりにやればいいんだ」と安心し、ストレスを軽減させるのである。この一点さえ徹底すれば、部下指導の半分は終わったようなもの、といっても過言ではない（ちなみにもう半分は「褒めコメ」。これについては後に詳述する）。

それはある意味で、すでに完成しているフォーマットを提示するということでもある。例えば、営業マンに初歩を教えるとしよう。いきなり「今月中に三〇件の契約を取れ」と命令するだけでは、誰も動けない。しかし、最初は「顧客リストをつくれ」からはじまり、「顧客に一回ずつ電話をしてみよう」「電話をしたらチェックボックスにチェックを入れよう」「会話の内容をメモしよう」といった具合に段階を踏むように一つひとつ課題を与えていけば、新人でも迷うことはない。たとえ電話が苦手でも、明確に「やれ」と言われればやるのである。

逆手指導ステップ

ステップ1
ハードな課題で全員発表

↓

ステップ2
相互プレゼン、相互刺激で
切磋琢磨しあい、盛り上げる

↓

ステップ3
グループ、チームで取り組む

☆逆手指導ステップに求められるもの

・明確な指示
・ポジティブな評価
・明るい雰囲気をつくる

↓

積極性サイクルに入る！

あるいは今の若者は、方法に迷ったら「どうすればいいですか？」と聞いてくる素直さがある。ひと昔前なら、自分の思い込みやプライドで勝手に〝暴走〟してしまう者もいたが、最近は滅多にいない。それよりも、怯えに近い感覚で細かく確認を取りたがるのである。

そんな気質の彼らとしても、あらかじめ全体のフォーマットを提示されたほうがやりやすいはずだ。それを見た上で、「今はこの段階だな」「ここを埋めればいいんだな」という自分の役割がわかるのである。

それはちょうど、コンピュータゲームの「クリア感覚」に近いかもしれない。「第○ステージをクリアすれば、次はこんなステージが待っている」「このキャラを倒せば、こんなアイテムが得られる」というわけだ。こういう設定がされていれば誰でもチャレンジできるし、また誰でもクリアできるのである。

若者たちは明るい〝試練の道〟が好き

実際、今の若者は、厳しい訓練にも十分耐えられる。その端的な例が、強豪校として知られる日大三高野球部が恒例行事にしている冬場の合宿だ。雑誌「Ｎｕｍｂｅｒ」796号（二〇一二年二月九日）に掲載された記事から、そのポイントを紹介しよう。

二週間にわたって行われる合宿中は、連日早朝から夜間まで、一二時間以上にわたって練習が行われるという。当然、練習メニューもきわめて過酷らしい。まさに〝練習漬け〟の日々を送るわけだ。

ただし、そこに暗さや悲壮感はない。小倉全由《まさよし》監督が率先して笑顔を絶やさず、声をかけたり、いいプレーを褒めたりするからだ。選手たちも厳しいメニューをこなしながら、終了時には拍手をしたり、叫んだり、互いにハイタッチをしたりする。身体的には辛いはずだが、姿勢は常に前向きで表情も明るいという。

そして最終日のメニューは数十本ものダッシュと決まっているが、その最後の一本は全員で手をつないでゴールする。その段階になると、全員で涙を流しながら抱き合うそうである。辛い一五日間を耐え抜いたことに、自らの成長を感じて感激してしまうのだろう。ＯＢの間でも、この合宿の経験は語り種《ぐさ》になっているという。

社会人でも、ここから学ぶべき点は多い。若者は、けっして怒鳴ったり脅しつけたりしなくても、自らハードな場面に挑んでくる。また、簡単に折れたり逃げたりせず、星飛雄馬《ひゆうま》のように〝試練の道〟を耐え抜けるのである。

ただし、これには条件がある。一つは雰囲気が明るいこと、そしてもう一つは前述のとおり、メニューやカリキュラムがしっかり組まれていることだ。この二つを満たすことが、今の上司や教育者には求められているのである。

大学でも、昨今は学生から「カリキュラムをきちんと提示して欲しい」という要望がよく寄せられる。授業で何を学ぶのか、その全体像をスケジュールとともに具体的に教えてくれ、というわけだ。その説明が明確なら、内容がハードでも、学生はついて来れる。「この人は全体像が見えている。自分をちゃんと導いてくれる」と安心できるし、自分がどの位置にいるかも逐一《ちくいち》わかるからだ。

これは学校の先生のみならず、会社の上司にとっても重要な作業だ。部下の一年先を見通し、そこから逆算してプログラムを組み、「〇月までにはこれができるようになってもらいたい」「この仕事をやってもらうのは〇〇のため」などと説明できるようになれば、部下も安心して目の前の仕事に取り組めるだろう。上司には、いわば「説明責任」が求められているのである。くどくど話す必要はないが、先々を見通せるようにビジョンを示すことがポイントだ。

「自分で覚えろ」と突き放したり、実は全体像をよく把握していないままルーチンで仕事を任せていたりするような上司は、もはや通用しない。まして、部下に「何のための仕事？」と尋ねられた際、適当にごまかそうとしたり、「とにかくやれ」などとキレ気味になって答えるようでは、上司としてのポジションも危ういだろう。

「一週間で新書を五冊読め」

以上の前提で考えるなら、具体的でさえあれば、むしろ〝無茶振り〟に近いミッションを出したほうがいいかもしれない。今の若者は素直なので、言われたらきちんと結果を出す。**いきなり全員は無理かもしれないが、中には結果を出す者がいる。その姿を紹介して褒めれば、他の者も続こうとするのである。**当然ながら、そうなれば成長も早い。

例えば私の大学の授業では、「新書を一週間に五冊ずつ読む」という課題を毎週出している。本を読む習慣のない学生たちにとって、これは途方もない指令だ。おそらく「一週間に一冊」にしても、相当キツいに違いない。ならば「二冊」「三冊」などと中途半端なことを言わず、いっそ「五冊」にしようと思い立ったのである。

もちろん、彼らも学生とはいえ、暇を持て余しているわけではない。他の授業もあるし、サークル活動やバイトもある。しかし、「忙しいから読めなかった」という言い訳は認めないと宣言した。だいたい「忙しい」は彼らの言い訳の常套《じょうとう》手段だが、これを〝論破〟する方法は簡単だ。彼らの中から、一人でも課題をこなした者が現れればいいのである。

先にも述べたとおり、若者の指導は「褒めコメ」を伝えることでひと区切りとなる。しかし、最初からハードルが低ければ、指導する側も自信を持って褒めることができない。また若者も、中途半端にこなすだけで褒められると「この程度でいいのか」と気を抜いてしまうおそれがある。だから、ミッションは最初から〝無茶振り〟するぐらいでちょうどいいのである。

加えて、「これだけ読めば世界標準で見てもまあまあのレベルだ」とチャレンジ精神をくすぐることも忘れなかった。これはウソではない。世界の大学と比較しても、けっして見劣りしない量とペースだろう。

「世界で戦えるのは、サッカーだけではない。君たちも戦えるんだ。『日本代表』になれるんだ。だから世界水準のトレーニングをしてみよう」とその気にさせる。あるいは「これだけの量を読む学生が目の前にいたとしたら、『こいつすごいな』と思うでしょ」と向上心を煽《あお》る。

こういう言葉を素直に受け入れる真面目さが、今の若者にはある。それを利用しない手はないだろう。

“逃げ道”を封じよう

もちろん、ただ「読め」というだけでは、誰も読まない。実際、かつて「読んだ本を紹介して」と呼びかけたときには、本好きの者が数冊持ってくる一方で、読む習慣のない者は〇冊かせいぜい一冊という状態だった。

そこで、「全員発表方式」による〝**相互監視システム**〟を取り入れることにした。四人が一組となり、一人が三人に対して読んだ本の中身を紹介する場を設けたのである。一冊につき三〇秒として、五冊で二分半。ややオーバーするとして三分。それを四人で順番に行っても、合計一二分程度あればできる。

仮に読んでこなかったとしたら、他のメンバーの前で恥をかくし、迷惑をかけることにもなる。こういうルールをつくると、さすがに読まないわけにはいかない。それに次週も同じ本を紹介することがないよう、毎回ブックリストをつくって提出させることにした。あらかじめ〝逃げ道〟を封じたのである。

ついでにいえば、図書館で借りた本を紹介するのもバツ。かならず買わなければならない。出費は相当額になるが、すべてを新刊で買う必要はない。古本なら、一冊一〇〇円程度でも手に入る。週五冊で五百円程度だ。だいたいスマホに月々数千円も払っているぐらいだから、本代ぐらいは捻出《ねんしゅつ》できるはずだと説くと、学生たちは黙るしかない。

しかも、得られるものはずっと多いのである。

ただし、「紹介の質は問わない」とも宣言した。とりあえず五冊を積み上げ、ひととおり紹介すればOKというわけだ。また紹介する際には、かならず最低一箇所は引用するよう指示した。一方、聞き手側の三人は、うなずいたり、拍手をしたり、簡単にコメントを返すなどのリアクションをするのがルールだ。もちろん「褒めコメ」がベースである。

そして各人の紹介が終わった後、〝ベスト紹介者〟を決めるというルールも設定した。四人のメンバーの中で、「誰の紹介クオリティが最も高かったか」「読んでみたいと思えたか」を投票で選出するのである。こういう制度があると、やはり相互に刺激を受け、よりハイレベルな紹介をしようと周到な準備をするようになる。自然にクオリティも高まるわけだ。

その結果、学生たちの意識は見事に変わった。「週を追うごとに五冊のノルマが苦痛ではなくなった」とか、「読書の楽しみを知った」「もっと前から読んでいればよかった」という感想がきわめて多かった。何かの都合で発表の時間を延期したりすると、

「せっかく準備してきたのに」と文句が出るほどだ。

「若者の活字離れ」などとよくいわれるが、これも不可避の傾向ではない。ちょっと工夫をして場を設ければ、いくらでも「活字好き」に反転できるのである。

時間で区切ればよりハードに

なお、ハードな課題を出すには、時間感覚とワンセットにしたほうがいい。前述の本の紹介なら、「一冊につき三〇秒」という制限を設定した。**これは「だいたい」というレベルではなく、私の授業ではストップウォッチを持ち込んで厳密に測るのが常だ。**時間感覚を磨くことも課題の一環なのである。

この授業のときだけではない。例えば「これから三分で考えをまとめて」とか「五分だけディスカッションして」とか「一分でプレゼンを」など、私は多くの課題に時間を区切り、そのたびにストップウォッチをカチッと押す。これは、場の緊張感を保つためにもきわめて有効だ。秒単位、分単位で区切るため、「時間がない」という意識が芽生えて、急にシャキッとするのである。

これは、あらゆる職場でも有効だろう。どんよりした空気の中からは、いいパフォーマンスは生まれない。そういう場にいると、脳は疲れないかもしれないが、かえって気疲れしてしまうものだ。一方、短時間に脳をフル回転させれば、それが〝はずみ車〟となってドライブがかかり、意外に疲れない。職場がどちらを目指すべきかは明らかだろう。

しかも、応用範囲はきわめて広い。私の授業と同様、「五分だけ会議をする」「三分でプレゼンして」などと区切ってもいいし、「この作業が一〇分でどこまで進むかを測れば、すべて終えるまでにかかる時間もわかる」「三〇分だけ全員で一つの作業に集中しよう」「昨日は一時間かかったこの仕事を、今日は四五分で終わらせよう」といった使い方も可能だろう。

それに、上司が口うるさく急かしたり、監視したりする必要もない。分単位の時間を提示して、ストップウォッチのスイッチをカチッと押せばいいだけだ。言われる側も気は焦るが、そんな上司に嫌なイメージは持たないだろう。むしろテンションが、いやが上にも上がるはずだ。

よく、「人を説得する際には、話の中に数字を盛り込め」といわれることがある。時間はまさに数字であり、しかも全員が実感できる。具体的な課題や目標設定という意味でも、意識を集中してモチベーションを上げたり、達成感を得たりするためにも、ストップウォッチは欠かせない〝アイテム〟ではないだろうか。

「がんばりすぎる若者」には注意も必要

一方、今の若者はおとなしくて真面目であるがゆえに、がんばりすぎる傾向がある。体力にものをいわせてがむしゃらに働くのはいいが、それによって心身の調子を崩してしまっては元も子もない。ハードな課題を与えられて追い込まれることが、その引き金になるおそれは十分にある。

それを未然に防止するのは、上司の重要な役割だろう。部下それぞれにどの程度のキャパシティがあるのか、きちんと見きわめる必要がある。ある者にはトラック五周を命じたとしても、別の者には一〇周でちょうどいいかもしれないし、また別の者は二周で限界かもしれない。それを間違えると、事故に至るのである。

次元はいささか違うが、昨今の一部の学習塾は、少子化の逆風をものともせずに大盛況となっている。それは、従来あったようなマスプロ型の授業ではなく、個別指導のシステムを整えているからだ。つまり、生徒ごとの能力やキャパシティに合わせて教えているのである。効率としては悪いかもしれないが、個々人がそれぞれの課題に取り組むという教育の基本に立ち返るなら、やはり個別指導に分があるといえるだろう。

ただ社会人の場合、テストを受けるわけではないし、メンタル面も絡むため、状況把握はもう少し難しいかもしれない。

例えば私の基準でいえば、栄養ドリンクをよく飲むようになると、そろそろ黄色信号だ。素の自分では乗り切れなくなっているから、こういうものに頼りたくなるのである。以前、私もやたら飲んでいた時期があるが、その後に体調を崩してしまった。外部の力で無理やり自分を加速させようとすると、やはり心身が悲鳴を上げるのである。

あるいは一般的には、朝起きるのが辛いとか、顔色が悪いとか、元気がないといったこ

とが危険信号になるだろう。一見すると元気なようでも、無理をしているために妙なテンションになり、顔が引きつっていたりすることもある。そういう身体のメッセージを受け取ることが大前提だ。

さらに挙げるなら、恰好《かっこう》のバロメーターになるのが「笑い」だ。適度にがんばっているときはふつうに笑えるが、がんばりすぎると笑えなくなってくる。くだらない冗談で笑えるうちは大丈夫だが、その笑顔が消えたら要注意だ。ちょっと行き詰まっているか、プレッシャーに押し潰されそうになっていると考えたほうがいいかもしれない。

先に述べたとおり、私の授業ではたいへん厳しい課題に取り組んでもらうのが常だ。それに対し、学生から悲鳴やブーイングが起きているうちは大丈夫。しかし無反応になったり、その表情に笑顔がないとしたら、〝ドクターストップ〟をかけるしかない。量的・時間的猶予を与えて、少し負担を軽減するわけだ。

会社組織においても、この程度の観察は不可欠だろう。

「ワイルド」ではないからこそ、チームで戦え

ところで、ハードな課題をこなすために最も効率的なのが、チームで取り組むことだ。以下に、そのパワーを最大限に発揮するための組織論について考えてみよう。

若者にかぎらず、概して日本人はおとなしくなりつつある。ではそれが日本の生産性を下げ、活力を奪っているかといえば、けっしてそうではない。おとなしくて真面目な者どうしがチームを組むからこそ、より大きな力を発揮できるのである。

例えば、同僚に横山やすしのような破天荒な人物がいたとしよう。一見楽しそうでは

あるが、一緒に仕事をしていくとなると別問題だ。西川きよしさんのような人格者でなければ、とても務まらないだろう。

対照的なのが、「ワイルドだろ〜」で一世を風靡《ふうび》したスギちゃんだ。私も何度かテレビ番組でご一緒させていただいたが、ご本人はまるでワイルドさのかけらもない。とても謙虚で周囲に気を遣う方だった。そういうキャラクターでありながら〝ワイルド感〟を売りものにするギャップがおかしかったのだろう。仮にどんな組織の一員になったとしても、きっとうまく折り合っていけるに違いない。

さらにいえば、あのギャグがあれほどの人気を博したのは、もともと日本人にワイルドさが欠けているということを、私たち自身が自覚しているためだ。おそらく、今や日本人は世界一ワイルドさに欠けている民族だろう。だからそれを揶揄《やゆ》するように、「ワイルド」という言葉自体が笑いにつながるのである。

もちろん、かつての日本人はもっとワイルドだったかもしれない。以前の名番組『プロジェクトX』に登場したような人々は、いずれもワイルドそのものだった。その姿を見て刺激を受けることもあるだろう。だが、ひと昔前と今とでは、すでに気質がまったく違うのである。その部分を理解しないと、人の評価も戦略も見誤ることになりかねない。ワイルドではない成功の道を模索することが重要なのである。

その道は、実はあまり険しくないかもしれない。例えば今のサッカー界では、日本にとっていい手本になりそうな革命が起きている。スペインリーグの名門FCバルセロナが目指している「ワイルドではないサッカー」はその典型だ。相手選手と接触せず、いかにきれいにボールを回し続けるか、またはチーム全体で相手にプレスをかけ続けるか、つまりチーム力で戦おうとしているのである。

あるいは日本女子サッカー「なでしこジャパン」の戦い方は、まさにワイルドではない日本人の姿を体現していた。ブラジルやフランス、アメリカといった強豪チームの選手一人ひとりを比較すれば、どのポジションで見ても明らかになでしこの体格・能力は劣る。それでも伍《ご》して戦えたのは、ひとえにチーム力によるものだ。

いい換えるなら、**突出した個性や才能がなくても十分に戦えるし、そのメンバーは充実感も幸福感も味わえるのである。これこそ、日本のあらゆる組織が目指すべき戦い方ではないだろうか。**

組織の理想像は、学校時代の部活にあり

では、日本の企業や組織はどうすれば強さを取り戻せるのか。それには、まず学校時代の部活を見習うべきではないか。私は真剣にそう考えている。

もともと日本人は、学校教育に向いている。「全員で一斉に同じことをする」というスタイルが、日本人の気質に合うのである。さらに部活は、まず自ら選んで入るのだから、勉強とはモチベーションの度合いが違う。

それに、勉強はあくまでも個人競争だが、部活は運動系であれ文化系であれ、チームで何かをやり遂げることが目標になる。そのためには、相互の協力や協調や譲歩、あるいは競争が欠かせない。適度な厳しさもあるし、悔しい思いをすることもある。その経験から学んだことは、勉強以上に大きかったはずだ。

会社の組織も、ある意味で似ている部分がある。「勝つこと（＝利益を出すこと）」が至上命題であり、そのためには仲間内の連携が不可欠だ。ただ最近は、チームでありな

がら相互のコミュニケーションが不足し、結果的に勝つこともできず、ますます雰囲気が悪くなっているという職場が少なくない。だから、もっと純粋に切磋琢磨《せっさたくま》し、上を目指していた部活時代の雰囲気を思い出すべきなのである。

もちろん、部活にも悪い面はある。先輩が後輩を威圧したり、さらに指導者が部員に暴力を振るうなどは典型だ。このあたりは、いわば反面教師として見習う必要があろう。

特に若い人は、威張り散らす年上を嫌う。だいたい無意味に威張る人というのは、自信がないか実績がない場合が多い。それが見え透いているからこそ、そういう人と接することに虚しさを覚えるのである。

逆にいえば、「自信」「実績」「威張らない」という〝三点セット〟さえ持ち合わせていれば、部下や後輩から煙たがられることはない。そういうメンバーでチームを形成すれば、部活的な雰囲気を取り戻せる可能性は十分にある。

ただ根本的な問題として、昨今の職場は、各人が日々パソコンとだけ対話していることが多い。机を並べていながら、人と人との当たり前のコミュニケーションが圧倒的に不足しているという話をよく聞く。おかげで、職場の雰囲気は重かったり冷たかったりする。これでは、とてもチームとは呼べないだろう。

若者の「認められたい欲求」を満たせ

そこで重要なのは、いい雰囲気をつくるためのシステムをつくったり、工夫を凝らしたりしてマネジメントすることだ。

経営学者P・F・ドラッカーのマネジメント理論のキモは、「個人の強みを活かす」だ。人にはそれぞれ〝ストロングポイント（強み）〟がある。それを組織の中で組み合わせれば、組織は強くなるし、個々人は幸福感を得られるというわけだ。

そういう組織をつくるには、上司の力量に負うところが大きい。一つの基準で全員を評価しようとすると、スッキリはしているが序列ができてしまう。その基準において強みを持っているのはトップの一人だけ、ということになるわけだ。当然、それ以下の者はおもしろくない。

つまりポイントは、上司がいかに多様な評価基準を持てるかだろう。それはスポーツでいえば、選手にランキングをつけるというより、特性に合わせてポジションを割り振る感覚に近い。優秀な選手ばかり集めれば勝てると考えるのは素人で、いかに選手を適材適所に配置するかが監督の腕の見せどころだ。会社の上司も同じである。

その大前提は、「すべてのメンバーの存在を認める」ということだ。**今の若い人は、「認められたい」という欲求を根源的に持っている。**「自分はここにいてもいいのだ」という確証が欲しいのである。

したがって、「なぜこんなことができないんだ」「やる気がないなら去れ」「代わりはいくらでもいる」などと叱責するのは最悪。上司としては激励や鼓舞の意味で言ったとしても、今の若い人はそうは受け取らない。「なら辞めます」となるだけだ。

実際、終身雇用や年功序列の制度が崩れ去ろうとしている昨今、「代わりはいくらでもいる」という言葉は以前よりリアリティが増した。リストラなどで取り替えられる人も多い。だからそう言われると、ますます自信を持てなくなるのである。

むしろ上司が言うべきは、「私がお前を育てる」ということだ。「自分の子どもを取り替えないように、部下も取り替えない。だからこのチームで一緒に強くなろう」と宣言すれば、若い人も安心して仕事に取り組める。それは、結果的にチームを強くすることにもつながるはずだ。

会議を盛り上げる法（1）――事前に全員にレジュメを作成させよ

ルーチンな仕事をこなすだけなら、アルバイトでもできる。組織にとってもっとも重要なのは、常に新しいアイデアを出し続けることだろう。それには、個人の発想に頼るより、数人によるディスカッションの場を設けたほうがよい。そこに参加して意見を積み重ねていくことこそ、メンバーの役割である。つまりは、いかに会議の場を活用するかということだ。

この点について、しっかり意識している会社組織は少ないのではないだろうか。

例えば、総勢九人の部署で会議を開いたとする。あるテーマについて、上司が全員に対して「何かいいアイデアはないか」と尋ねるのが一般的だろう。だがこれでは、個人が全員に向けて意見を述べる形になる。経験値の乏しい若い人は、どうしても発言を躊躇したくなるはずだ。

それに、彼らはもともとパブリックな場に弱い。会議に九人が集まれば、その空間はすでにパブリックだ。プレッシャーを感じるから、押し黙るしかない。だから結局、上司本人や経験値の高いベテラン社員ばかりが発言し、若い人は聞き役に徹することになる。その挙げ句、前例どおりの結論に達したりする。若い人には徒労しか残らない。

一方の上司や先輩は、そんな若者の姿を見て「おとなしすぎる」「仕事への意欲が見えない」とマイナスの評価を下す。特に中高年層や外国人は、そう思うに違いない。これが、日本の会社組織でよくある会議の光景ではないだろうか。

この状況を変えるには、大きく二つのステップがある。一つ目は、事前にアイデアを考える時間を与えること。具体的にどういうアイデアが必要かを明示した上で、「三日後の会議に企画案を出せ」といった具合に指示するわけだ。

ただし、これには条件がある。「逆手指導ステップ」の応用だが、まず**参加者全員に提出を義務づけなければならない**。「できるかぎり」とか「思いついた者だけでいい」などと緩和すると、何も提出しない者が過半数になってしまう。会議を予定しているなら、たとえ忙しくても、ここは厳しく守らせることだ。

それに、頭の中で考えるだけではなく、かならずレジュメや企画書などを書かせることも欠かせない。「書かない者は、会議への参加資格もない」ぐらいに強く言ってもいいだろう。当然ながら、アイデアは書くことによって具体化されるし、いい加減な思いつきではダメなことに気づける。それをプリントアウトして全員に配れば、理解・共有のスピードが上がるはずだ。

これらをクリアすると、ほぼ間違いなく相応にクオリティの高いアイデアが出揃う。真面目な分、必死で考えてくるし、今やネットでも新聞・雑誌でも、ヒントを探そうと思えばいくらでも探せる。要は、真剣に向き合うかどうかだけの話なのである。

会議を盛り上げる法(2)――少人数のチームに分けよ

いくら全員が考えてきても、それだけで会議が盛り上がるとはかぎらない。率先して発言しようとする人が少ないからだ。

ひと昔前の若者なら、人前で我先にと発言したがる者もいた。その意見が見本になったり叩き台になったりすることを、名誉と感じる者もいた。だが今は、そういう一歩前に出るような、目立つ言動を嫌う。せっかく必死に準備してきたとしても、それをひけらかしたりしない〝奥ゆかしさ〟を持っているわけだ。

そこで有効なのが、「チーム分け」だ。例えば九人のメンバーがいたら、三人ずつ三つのチームをつくる。ベテランと若手が混じり合う形が望ましい。その中で、それぞれ考えてきたアイデアを披露し合い、一定の結論を出してもらうのである。

実はこれは、緊急に対策を練らなければならない場合など、事前に考える時間を確保できなかった会議でも有効だ。同じテーマで三チームを競わせてもいいし、それぞれ違うテーマを分担してもよい。

例えば、何かトラブルが発生し、緊急に解決策を募るとしよう。全員で一斉にアイデアを出し合うより、三〜四人ずつでチームになって三分ぐらい話し合い、それぞれベストと思われるアイデアをチーム単位で発表したほうが、質的にも時間的にもずっと効率がいいはずだ。

わずか三人による議論なら、それはプライベートな空間に近いから、若い人も発言しやすくなる。時間的にも発言のチャンスが増える。ベテランと直接やりとりすることで、刺激も受けられる。チームでまとめる結論の一部に、自分のアイデアが盛り込まれる可能性も高まるだろう。それが、若手のやる気につながるのである。

その際、もちろん上司や先輩社員は、「褒めコメ」の精神を忘れてはならない。**多少拙《つたな》くても、的外れでも、若手の発言ならとりあえず褒めるべきところを探して褒める。**その度量と〝読解力〟が、チームのメンバーには求められるのである。安心して発言できる場をつくることが第一。若者はそういう場をいくつも経験することで、自ずと発言の質も向上させていくのである。

こういう小さいチームによる議論は、全員による会議の前に済ませられれば理想的だ。二段階を経ることで、会議の時間にムダがなくなるからだ。あるいはそれが難しければ、全員による会議の最中でも、ほんの五分だけ小さいチームに分かれて議論することをおすすめしたい。全員がアイデアを出す機会を得られるため、いい結論を得られやすいし、何よりその後の場がおおいに活性化するのである。

ホワイトボードで〝アイデア〟と〝発言者〟を切り離す

ただし、いつまでも三～四人に対してしか話せないとなると、成長もできない。その場で意見をまとめたら、チームの一員として全員の前で発表する訓練も必要だ。つまり若者を育てる一つのコツは、「**プライベート空間とパブリック空間を組み合わせる**」ことにある。

例えば、いわゆるブレーンストーミングの手法を取り入れてみる手がある。そのポイントは、自由な雰囲気の中でアイデアを数多く出し合うことだ。その過程での否定は厳禁であり、くだらないと思われることでも言っていいことになっている。一人が長く話すのではなく、誰かのアイデアに誰かが刺激を受け、次々とアイデアを積み上げていく形が理想的だ。

ともすれば単なる雑談に陥る可能性もあるが、かしこまった場よりは発言しやすいはずだ。こういう機会を設ければ、人前で話す訓練にはなるだろう。

あるいは、**会議において欠かせないのがホワイトボードだ。**発表するだけではなく、その要点を箇条書きにしていく。これを各人が行えば、ホワイトボード上には全員のアイデアが並ぶはずだ。これは参加者全員が一覧できるだけではなく、比較検討の際に発言者の圧力から逃れられるというメリットもある。

日本人が議論をすると、その中身より「誰の発言か」を気にする傾向がある。上司や実力者の発言は重く受け止められるし、新人や新参者の発言は否定または聞き流されやすい。結果的に、前者の意見ばかりが通りやすくなるのである。

たしかに経験値から考えれば、前者の意見に正当性がある場合が多いかもしれない。「空気を読む」ことも、社会人としては欠かせない要素だ。しかし、最初からそういう〝色眼鏡〟で見ることはフェアではない。場の活力を奪うことにもなる。

その点、ホワイトボードにアイデアを箇条書きにして、それぞれ「A」「B」「C」などと符号をつけて並列に扱えば、発言者の人格とアイデアを切り離すことができる。「〇〇部長のアイデアはダメ」とは言いにくいが、「CよりBのほうがいいと思う」なら言いやすくなり、アイデアもよりブラッシュアップされる。

そしてもう一つ、なるべく発言しやすい雰囲気をつくるために有効なのが、円卓だ。長方形のテーブルに奥から偉い人が順番に座ってしまうと、それだけで〝御前会議〟のような緊張感を醸《かも》し出してしまう。権威や肩書や経験による差別をなくすためには、全員がフラットな位置関係になることが手っとり早いのである。

あるいは輪をつくるという意味では、「卓」すらいらないかもしれない。わざわざ会議室を使わず、車座もしくは井戸端会議のように適宜《てきぎ》集まって言葉を交わし、結論が出たところでサッと散る。これなら権威の出る幕もないだろう。ちょうど、スポーツの試合中に円陣を組むようなイメージだ。

職場のレイアウトにもよるが、机を多少移動してでも、片隅にちょっと集まれるスペースをつくったほうがいい。そこに小さな丸いテーブルと、小さなホワイトボードでも用意すれば完璧だ。ここで頻繁に打ち合わせが行われたり、あるいは上司も部下も関係なく雑談のために集まるようになれば、その職場はさぞかし賑やかになるはずだ。

ただし、これと似て非なるものが飲み会だ。コミュニケーションの一環として重宝なイメージがあるが、若い人はあまり好まない。そんな時間を過ごすなら、早く帰って自分の好きなことをしたい、という人が多いのである。むしろ「飲み会に頼ってはいけない」と肝に銘じたほうがいいだろう。勤務時間中に、職場内でサッと集まって話をするからこそ、価値が生まれるのである。

いずれにせよ、これらはその場を仕切るリーダーの能力の問題ではなく、会議においてちょっと工夫をするか否かというだけの話である。個々人と向き合って心を開かせるというより、まずは「場の運営能力」を高めるという意識を持つこと。これが、若者をマネジメントする上での基本といえるだろう。

チームは男女混合で

なお、チームはできるだけ男女混合のほうがいい。職場で今さら「男は男どうし、女は女どうし」と区別すること自体、意味がないだろう。

実際、私の経験からいっても、男女が入り混じったチームのほうがアイデアは出やすい。無意識のうちに、あるいは意識的に、お互いにがんばってしまうからだ。このあたりは、誰でも思い当たるフシがあるだろう。それに、やはり男女は脳の構造も目のつけどころも違う。そういう異質なものが混ざるからこそ、お互いに刺激を受けていい発想につながるのである。

ただし、女性が加わる場合には、それなりの配慮も必要だ。バレーボールの全日本女子チームを率いた柳本晶一《やなぎもとしょういち》氏や、サッカーのなでしこジャパンを率いている佐々木則夫氏は、男子チームと女子チームでは指導方法を変える必要があるという話をしばしばされている。それによると、女子チームを束ねるにはとにもかくにもコミュニケーションが大事であるという。

女子は、どんなに疲れていてもおしゃべりは止めない。あるいは、何か作業をしながらでも話し続けている。そのあたりは、男よりも脳の構造が複線化しているらしい。だから、その話をきちんと聞くとか、愚痴やクレームにも対処するといった配慮が欠かせないそうである。

そう考えると、**女性のいるチームの上司に求められるのは、上手に雑談をして相手の意図を引き出す能力だ。**いい話し相手になると、女性はいろいろ話してくれる。それに

会議を盛り上げる法

❶	事前に全員にレジュメを準備させる	⇒ アイデアに具体性が生まれる
❷	3〜4人のチームに分ける	⇒ 意見が出やすくなる
❸	ホワイトボードにアイデアを箇条書きする	⇒ アイデアがブラッシュアップされる
❹	男女混合にする	⇒ 活気が生まれる

↓

会議がクリエイティブになる

よって状況も把握しやすくなるわけだ。

そしてもちろん、フェアであることも欠かせない。特定の誰かとしか話をしなかったり、その要求ばかり汲んだりしていては、すべてが台無しになる。相手が女性の場合にかぎったことではないが、自らのコミュニケーション能力に自惚《うぬぼ》れてはならない。

ついでにいえば、男女は精神的に伸びる時期も違う。男性は二五～二六歳まで、まだ子どもっぽい部分がある。よく伸びるのは三〇歳代になってからだ。もう少し具体的にいえば、結婚して子どもができて、ようやく一人立ちし始める感がある。それに対し、女性が伸びる時期はもう少し早く、二四～二五歳で立派な大人になる。つまり、ざっくりいえば五年程度の差があるわけだ。

したがって、若いうちは同じ年代で輪切りにすると、女性のほうが優秀に見えることがよくある。しかし、だからといって「男性は役に立たない」などと判断してはいけない。自信を持ち、社会人として成熟してくれば、大きな力を発揮するようになる。若い男性の力を見くびることは、社会全体にとってマイナスだろう。

第③章

日本の組織には、「褒めコメ」が足りない

褒めることが大切なのは
わかるが、結果が出ていない
ときはどうする?

↓

彼らが「エネルギーをかけた」
部分に着目せよ。彼らの最大の
喜びは、エネルギーをかけた
部分の価値を認めてもらうこと。

個性的ではないが見てもらいたい

若者を育てる際、「ハードで明確な課題」とワンセットで重要なのが、「とにかく褒める」ということだ。これは「信頼関係を築いて安心させる」「自分の存在が認められる」ということでもある。

喩えは悪いが、子犬も褒めて育てるのが一番といわれている。彼らはちょっと叩かれただけで怯えてしまい、もう飼い主に寄り付こうとしなくなる。そうなると、しつけも何もできないのである。

だから飼い主として良好な関係を保ちたければ、やることなすこと褒めるのが一番だ。子犬はそれを敏感に感じ取り、自分の存在を認められたことに自信を持つとともに、ご主人の言うことも聞いてやるかという気になるのである。そこで新たな指導が成り立つわけだ。もちろん、おやつをあげても喜ぶが、それ以上に褒められることが、彼らにとって最大のエネルギー源なのである。

もちろん、人と犬を同列にはできないが、褒められてうれしいのは、若者も同じだ。**彼らにとって最大の喜びは、自分の存在や、エネルギーをかけた部分の価値を認めてもらうことである。**給料などの報酬は、その一部でしかない。むしろ給料を含めた待遇が良かったとしても、この「評価してほしい」という欲求が満たされなければ、あっさり辞めてしまったりするのである。

私が知る若者の中にも、苦労して入社した大手銀行を躊躇なく退職した者がいる。就職難が叫ばれて久しい昨今では、もったいないケースだ。それも公認会計士を目指すとか、別の銀行にヘッドハンティングされたというならわかるが、そうでもない。「とにかく嫌だから辞めた」という。その理由を突き詰めると、やはり「自分は評価されてない感じがした」「自分はいなくてもいい気がした」という点に尽きるらしい。

現在の若者たちは、けっして個性的とはいえない。本人たちもそれは自覚していて、「周囲と同じでいい」「目立ちたくない」という気持ちが強い。にもかかわらず、一方では「自分を見てもらいたい」という意識も強烈に持っている。「自分は個性的でありたい」と願っているわけだ。一見すると矛盾《むじゅん》しているように思えるが、このナイーブな感情を理解できるかどうかが、若者を知るカギとなる。

いい換えるなら、彼らはずっと「個性」という曖昧な概念に苦しめられてきた。自らに個性がないことを自覚する一方、例えば就職活動では「個性が大事だ」「個性が欲しい」と言われることが多い。そのギャップに常に直面しているのである。

それを埋めるには、表現の機会を与え、ポジティブに褒めることが一番だ。ただ「やれ」ではなく「君だから頼むんだよ」と指示し、ただ「よくできました」ではなく具体的にどこが良かったのかポイントを挙げる。彼らは、それで「見てくれているんだ」と安心し、自らの「個性」を認識できるのである。

社員教育が手薄だからこそ、「かまってあげる」ことが必要

「日本経済新聞」(二〇一二年四月一〇日付夕刊)に、興味深いデータが紹介されていた。就職情報の「マイナビ」が二〇一一年四月に新入社員約一〇〇〇人を対象に行った調査によると、彼らが考える「理想の上司」のダントツ一位は、「指示・指導が的確」(六八

％）であるという。以下、「よくアドバイスをくれる」「相談に乗ってくれる」「仕事を的確に評価してくれる」などと続く。記事は彼らを「カマッテ君」と評しているが、たしかにそのとおりだろう。

今の若者は、「かまってもらいたい」という願望を強く持っている。「放っておいてくれ」「自分に任せてくれ」という独立独歩的な者は減り、細かく丁寧に指導されるのを待っている場合が多い。上司・先輩も、そういう前提で若者たちと接する必要があるということだ。場合によっては、仕事観の変更を迫られる人もいるかもしれない。

ただこれは、かならずしも今の若者の自立心が減ったことを意味しない。かつての会社は長期雇用が前提だったため、当たり前のように社員教育の制度を整えていた。それを通過したからこそ、どんな新人もある程度の自信を持つことができたわけだ。ところが最近は、新人教育にお金も時間もかけられない会社が増えている。その中で、いきなり「仕事をしろ」と言われても、戸惑うのは当然だろう。まして数字だけで競争させようとしても、モチベーションにはつながらない。

必要なのは、足りない制度を補うように「かまって」あげることだ。最初から「やり甲斐のある仕事」に就ける新人は少ないから、微妙な変化や成長を個別に評価することで、「よく見ている」というメッセージを送るのである。

それがきちんと伝われば、むしろ頻繁に褒める必要もない。個々人が「この上司は客観的に評価してくれる」と信頼することで、何をすれば褒められるか、逆に何をすれば注意されるかを判断できるようになるからだ。これは、あらゆる組織がベースに据えるべき、一種の〝暗黙知〟の世界といえるだろう。

だいたい会社組織において人を褒めるのは、その本人のためだけではない。ここで必要なのは、小学校の先生的な視点だ。**できる子ばかりに声をかけるのではなく、むしろできない子にこそ着目し、少しでも伸びたら全員の前で褒める。**それによって、本人のみならず、クラス全体の水準を引き上げることができるのである。

これは、チームスポーツを考えてみればわかりやすい。いくら突出した選手がいても、極端な穴があると負けてしまう。グーグルのように世界の天才を集めた会社なら、個人の才覚で若干の穴はフォローできるかもしれないが、ふつうの会社はそうではないだろう。だとすれば、チームとして戦うしかない。どこかに穴が空いていると、周囲がきわめてしんどい思いをすることになるのである。

こういうケースでは、できる人に仕事が集中していくのが常だ。意気に感じるうちはいいが、責任まで感じるようになると、心身ともに疲れてくる。「なぜ自分だけが」と不満を募らせることもあるだろう。一方で、できない人は開き直ったり、精神的に落ち込んでしまったりする。当然ながら、いずれにせよ職場の雰囲気は悪くなるわけだ。

それを解消するには、穴を塞《ふさ》ぐこと、つまりチーム内の能力の落差を極力なくしていくしかない。一般に、能力の高い人は褒めやすい。本人も褒められ慣れているから、さして効果はない。逆にいえば、たまに声をかけるだけで十分だ。「相変わらずレベルが高いな」「さすがだね」と言えば、本人はモチベーションを維持できる。それよりも重要なのは、さほど能力の高くない人、自信を持てずにいる人を褒めることである。

「自分だけいい思いをしたい」とは思っていない

会社組織のみならず、大学でも学生を「かまって」あげることが必須になりつつある。以前、私の授業では、学生から出席票を集めるようなことはしていなかった。大学は学びたい者が学ぶ場であり、それを教える側がいちいちチェックする必要はないと考えていたからだ。

かつて私が学んだ東大法学部の授業も、出席はけっして取らなかった。試験の結果のみで、出来が良ければ「優」になるし、悪ければ「可」または「不可」になるという、きわめて単純な世界だった。

当の学生側も、好きな授業には出て、そうではない授業は適当にさぼるのが一般的だった。そういう学生にとって出席票は面倒な存在であり、成績も試験一発で決められることを望んでいた。

しかし二～三年前から、私は方針を一八〇度転換し、きちんと出席を取るようになった。実はこれも、学生の要望だ。「出席を取らないと、授業に出席してもしなくても、試験の結果によっては同じ成績になる可能性がある。さぼっている人でも単位が取れるのは不公平だ」というのが、彼らの言い分だ。

今の学生は、意欲は別として、どんな授業にもよく出席する。そういう自分の行為が正当に評価されてないことが、納得できないのである。だから**「出席をきっちり取ってほしい」という声が多かったし、**さらには「ふだんの課題も評価対象にしてほしい」「期末は試験ではなくレポートにしてほしい」ともよく聞いた。これらも「よく見てほしい」という気質の表われだろう。

彼らは、「自分だけおいしい思いをしたい」とは思っていない。あくまでも公平に、客観的に、しかも結果のみならずプロセスも含めて評価されることを欲している。今風にいえば、「がんばっている人が報われる社会であってほしい」というのが、彼らの切実な願いなのである。

成果ではなく、「変化」に着目せよ

かつての小学校や中学校には、生徒に毎日日記を書かせて提出させ、それに「ひと言コメント」を書いて返す先生が少なからずいた。その「こまめなコミュニケーション」が日本の教育を支えていたといっても過言ではない。こういう一対一のこまめな指導が、教育現場には欠かせないのである。

会社組織においても、これは同じだろう。上司の仕事は、大きく三つある。一つ目は重要な意思決定をすること、二つ目は部署内の仕事の配分を決めること、そして三つ目が、部下を評価して「褒めコメ」を伝えることだ。この三つがうまくいけば、場の雰囲気も間違いなく良くなるはずである。

とりわけ評価は、部下を誘導してモチベーションを上げるという意味で、きわめてクリエイティブな行為だ。上司は、その行為の重要性を認識する必要がある。いわば教育者としての資質が必要といえるだろう。

例えば、一つの職場で三カ月も経過すれば、新人でも経験値は相応に高くなるはずだ。その変化に、どれだけの上司が気づいているだろうか。たしかにまだ未熟だろうが、三カ月前はもっと未熟だったはずだ。もしそこに変化がないとすれば、それは本人の能力というより、上司の教育力のなさ、もしくは採用担当者の眼力のなさの問題だ。実際には、変わらない人間は滅多にいない。

だから、**何かの結果が悪かったとしても、そこに至るまでの「エネルギーをかけた部**

分」に着目すれば、褒めるべき点は見つかるはずだ。「売り上げ自体は伸びなかったけれど、準備の段取りは良かった」「〇〇と取引を始められたことは大きな成果」といった具合である。要は「プロセスを評価する」ということだ。

かつてなら、そういう部下の成長に目もくれず、あるいは気づいても口に出さず、厳しいことだけ言い続けるという上司もよく存在した。千尋《せんじん》の谷に突き落としたまま、自主的に這い上がってくるまで放置する、というスタイルだ。これも一つの教育方法ではあるが、今ではもはや通用しない。いくら本人は仕事ができるとしても、上司としては不適格といえるだろう。

その極端な例が、学校の部活やスポーツの世界で昨今問題になっている体罰だ。もちろん手を出すこと自体が論外だが、かつては必要悪として容認されていた時代もある。しかし今では、体罰をポジティブに受け止めるだけの素地がない。それどころか、「きちんと説明してコーチングできない指導者はダメ」という認識になっているのである。

もちろん、会社組織も同様だろう。

若手を伸ばすことは、組織の必須課題だ。学校だけが教育の現場ではない。経営学者ピーター・M・センゲのいう「学習する組織」になることが会社には求められている。会社こそ不断の教育現場なのだ。

「センスがある」は万能の褒めコメ

褒めるべき点として「変化率」に着目するのは、微分的な発想に基づくものだ。例えば釣鐘《つりがね》型の二次曲線を描いたとき、絶対値としてyの値が最も大きい地点の変化率は、かぎりなくゼロに近い。変化率が大きいのは、曲線が上昇している途中と下降している途中だ。仕事になぞらえていえば、頂点を目指して努力している最中の伸びは大きいが、いったん頂点をきわめると慢心して伸びが止まり、そこから先は勢いよく転落していくということになる。

絶対値ではなく、変化率に注目することで、見るポイントが増えてくる。「結果がすべてだ」という言い方は一見カッコよさそうだが、それだけでは若手は伸びない。

まだ結果はともなっていなくても、最初の変化率（伸び）の大きい部分こそ、称賛に

値する。うまく褒めて確信を与えることで、より高い頂点を目指せるようになるのである。

この「変化率」とともに重要なのが「方向性」だ。例えばA地点からB地点に移ったとき、両者を結んだ直線をBから先に延長させたものが「方向性」である。その方向が悪いときは何も言わず、良くなってきたときに褒めるのが一つのコツだ。「方向性は間違ってない」という言い方なら嘘やお世辞とは受け取られないし、成果にもつながりやすい。

ただし、こういう褒め方を可能にするには条件がある。現在地であるBはもちろん、かつての立ち位置であるAも把握していなければ線は引けない。当時を記憶しておくなり、メモを取っておくなりといった工夫が欠かせないわけだ。

この両者をひっくるめて褒めるなら、「センスがある」が絶対的なキーワードだ。いい部分をピンポイントで指摘することができるし、単に「いいね」よりも神秘性と可能性を感じさせる。言われた側も「どうやら自分はこの部分に潜在能力があるらしい」と自信を持てるはずだ。

それに「よくがんばりました」という褒め方は、がんばらなかったときには使えない。つまり、その場かぎりの褒め言葉である。いつも注視して、ことあるごとに繰り返さなければならない。その点、「センスがある」なら、一度使えば当面持続する。それを磨くか磨かないかは当人しだい、というニュアンスもある。

　彼らは、自分に何らかの才能があるとは思っていない。むしろ「自分には何もできないのではないか」という不安に苛《さいな》まれながら生きている。だから「センスがある」という褒め言葉が効くのである。

似て非なる言葉として「才能がある」もあるが、これは持って生まれたものを指しているようで、いささか強すぎる。「才能」とは、何らかの成果を出したときこそ適した言葉だろう。例えば「サッカーの才能がある」と称するとすれば、その選手は少なくともチームの中でトップレベルの能力を持っていなければならない。しかし、「パスのセンスがある」「マークのセンスは抜群」という言い方なら、トップである必要はない。総合力は低かったとしても、得意技があれば当てはめられるのである。

仕事でいえば、「企画のセンスがある」「営業のセンスがある」「資料のレイアウトのセンスがある」「データの取り方にセンスがある」など、ピンポイントで褒める際に使えよう。むしろそういう目で周囲を見れば、何らかのセンスのない人のほうが珍しいのではないだろうか。

〝上から目線〟で褒める必要はない

上司やリーダーが部下を褒めるとき、かならずしも〝上から目線〟である必要はない。自分ができないことを部下が易々とこなすことは、よくある。そこは素直に褒めるべきだろう。

例えば以前、上司と部下の関係ではないが、私はある若い人とパソコンで検索をしていて、「先生は下手ですね」とズバリ指摘されたことがある。私が得たい情報に辿り着けずに四苦八苦していたところ、「キーワードの入れ方にコツがあるんです」という。実際に試してもらったところ、たちどころにヒットさせた。「君は検索のセンスがあるね」と脱帽しつつ褒めたことは、言うまでもない。

特にパソコンや携帯端末等の扱いに関しては、概して若い人のほうが圧倒的に得意だ。信じられないようなワザを駆使して、作業を効率化したり、見栄えのいいものをつくったりする。あるいはIT関連のみならず、例えばデザイン関係とか、編集能力とか、自分以上の「センス」を持っている人は多数いる。そういう部分は「自分がやるよりずっといい」と素直に認め、褒めつつ、全面的に任せたほうがよい。

だいたい、いくら上司といっても、何もかも部下より勝っているということはあり得ない。サッカーや野球の監督にしても、現役時代はそれほど優秀な成績を残していなくても、指導者として優れた能力を発揮する人はいくらでもいる。

マラソンの小出義雄監督は教え子の金メダリストの高橋尚子さんほど、選手としての実績はない。それでも、多くの一流選手がその指導を仰ぎたいと願っている。つまり上司は、部下や現役選手とはまったく別の能力が要求されるわけで、張り合う必要はまったくないのである。仮にある部分で負けたからといって、上司の権威が落ちるわけではないし、バカにされるわけでもない。**むしろ、そういう部分をオープンに褒めることができれば、「度量が大きい」と受け取られるだろう。**部下や選手たちを活性化できれば、それでいいのである。

年功序列の制度がかなり崩れた昨今、まったく能力もないまま上司の職にあることは、一般的には少ない。何らかの経験値があるとか、ある種の実績を上げてきたといった理由によって、人の上に立つ仕事に就いているはずだ。そのあたりを自覚すれば、威張りすぎる必要も、また卑下《ひげ》する必要もないはずである。

いい換えるなら、上司の役割とは、部下に「情熱のふりかけ」をかけるようなものだ。〝陥没地帯〟に常に褒め言葉をかけることによって、〝食欲〟を増進しようというわけだ。それは対象の人を明らかに伸ばすことになるし、それがチーム全体のバランスを改善させるのである。

褒めて「情熱」を注入せよ

よく指摘されるように、昨今の若者はやや情熱が足りない。したがって誰かがそれを注入し、目を覚まさせる必要がある。その方法は大きく二つだ。一つは前述のとおり、表現の機会を与えて相互刺激を促すこと。そしてもう一つは、その場を管理する上司やリーダーが、松岡修造さんのような〝熱さ〟を持って彼らと接することである。彼らには「暑苦しいのが苦手」というイメージがあるが、実はそうではない。**むしろ熱さを持った人間を好む傾向がある。**

例えば、私の二〇年ほど前の教え子で、今は地方で教職に就いている者がいる。一見するとと教師というより居酒屋の店長のような風貌だが、そのイメージどおり、彼の最大の取り柄は圧倒的に熱いこと。相手を見つけては、とにかく情熱的に語ることを得意中の得意としている。

以前、彼を大学に呼び、学生の前で〝特別講義〟をしてもらったことがある。「今の学生に精神を注入しにきました」と大仰《おおぎょう》に語り出す彼に、学生たちがどんな反応を示すか楽しみにしていたら、結果は予想以上だった。ほぼ全員が彼の話を熱心に聞き入り、終盤にはすっかり惚れ込んでしまったのである。

学生たちにとってみれば、彼のような熱い存在は「自分にないものを持っている人」と映る。そういうキャラクターを素直に受け入れ、あやかろうとするのである。

こういう情熱の〝注入〟は、会社組織でも必要だろう。上司が熱さをいい形で出すことができれば、若い人のやる気に火をつけられる可能性がある。それは単に、松岡さんの話し方を真似すればよいということではない。「熱くなれ」と語りかけるのではなく、「自分が仕事にいかに情熱を傾けているか」を見せることだ。それが伝われば、若い人も「同じようになりたい」と思うだろう。

まして、熱くなってがんばったところを上司が熱く褒めれば、ますます熱くなる。ひと昔前の青春ドラマのようなシーンが、リアルに繰り広げられるのではないだろうか。傍から見れば奇異で迷惑に映るかもしれないが、当人たちが盛り上がれれば、それでいいのである。

同時に上司であるならば、「チームで勝つ」ということを強調する必要がある。「できる人間だけ先に行く」では、チームとして強くなれない。逆に「一人も見捨てない」と説き、常にチーム意識を植えつけようとすれば、若い人も安心して一員になろうと努めるし、結果的にチームも強くなる。そういうリーダーこそ求められているのである。

この点さえクリアすれば、実は上司が部下の仕事のすすめ方について、細かくチェックする必要はない。ミッションを与え、あとはチーム内で相互に刺激できる場を提供するだけでいい。つまり、最初に情熱の〝注入〟とシステムづくりさえうまくいけば、組織は自動的に動いていくのである。

褒められる快感を身体で覚えさせよう

「方向性や変化率に着目しても、褒めるべきところが見当たらない」という人もいるかもしれない。そういう人を無理に褒めても、白々しくなってしまう。

そういう場合には、適度なミッションを与え、それをこなした時点で単純に褒めるという手もある。極端な話、「挨拶《あいさつ》の声をもっと大きくしろ」でもよい。それによって、ほんのわずかでもボリュームが上がったら、「昨日より大きくなっている」「よく聞こえるようになった」などと褒める。仮に、本人が自覚していなくても、評価してかまわない。

それだけで、声はずっと大きくなるものだ。少なくとも、以前より小さくなることはない。なぜなら、褒めることによって本人の意識が変わり、意識が変われば自然に伸びるからだ。世の中には、あまりにも自信が持てないばかりに、あえて変化することを避けるような人がいる。そういう人こそ、多少の変化を捉えて「成長している」「学習している」とポジティブに評価することが必要なのである。

例えば筋肉のレベルでさえ、トレーニングで強化する際には、「この部分を鍛える」と強く意識することが重要といわれている。ストレッチにしろマシンを使うにしろ、ただ漫然と身体を動かすだけでは、筋力アップにつながらないわけだ。

つまり**変化が少ない人は、意識の量が少ないということだ**。自分自身に焦点を当てる癖がついていないのである。だから焦点を当てるように促せば、劇的な変化が期待できるのである。

具体的には、例えば以下のようなアプローチが考えられよう。まず挨拶を聞いたとき、「今の声の大きさ、五段階で自己評価するとどれくらいだと思う?」と尋ねる。すると最初は、たいてい「2」や「3」と答えることが多い。これを何度も繰り返しているると、だんだん「2」は「3」に、「3」は「4」になっている。この時点で褒めれば、もう下がることはないだろう。

さらに踏み込むとすれば、声を大きくするコツを一つだけ教えることだ。例えば「ふだん人と話すときの距離より二倍か三倍離れた場所にもう一人いるとして、その人に目線を送りながら話しかけるつもりで」などとアドバイスする。いろいろ指示すると、かえって何もやらなくなる可能性がある。その点、「これだけ実践してみて」という形に絞り込めば、意識がそこに集中する。結果的に、変化しやすくなるのである。

ひとたび変化することに気づけば、それをきっかけとして自信を持てるようになる。「自分は変われるのだ」と自覚することが、向上の原動力となるのである。

褒めるなら全員の前で、注意するなら一対一で

人を評価する際には、ＴＰＯも重要な要素だ。誰かを褒めるなら、全員がいる前のほうがいい。逆に何か注意するなら、個別に一対一で行うべきだろう。

これは当たり前の話だと思われるが、往々にして逆をやってしまう人がいる。全員の前でけなしておきながら、後で二人になったときにこっそりフォローしたり、妙に褒めたりするわけだ。コミュニケーションがないよりはいいが、言われる側としてはすっきりしないだろう。

あるいは、一人がヒットもエラーも記録するということはよくある。このときに重要なのは、評価する順番だ。まず褒めるべきところを褒めた上で「あとはここだな」とアドバイスを述べれば、受け入れられやすい。この順番が逆になって「あんなエラーをするようではダメだ」から入ってしまうと、後でどんなにヒットを褒めても聞く耳を持たれないのである。

そもそも私は、人前で、特定の人の弱点をあげつらったり、ミスを叱責したりする必要は、基本的にないと思っている。それは当人を萎縮《いしゅく》させるだけで、単なるエネルギーロスになりかねない。それよりも重要なのは、いい部分を褒めることで、全員に評価基準を示すことだ。大学生や社会人にもなれば、それを知った上で、自分が何をすればいいかを考えることができるはずである。

どうしても厳しく言うべきことがあるなら、全員に向けて総論として言えばよい。「今のレベルではダメ。全員で目標をクリアせよ」という言い方なら、矛先《ほこさき》は個人に向かわないから耐えられるはずだ。

ただ唯一、厳しく言う必要があるのは、指示や課題を明らかにサボってやらなかった場合だ。これを放置すると、サボり癖がついてしまうおそれがある。周囲に示しをつける意味でも、早急に戦線に復帰させなければならない。

もっとも、私の知るかぎり、こういう若者は少数派だ。特に社会人になると、逆に身体が心配になるほど、真面目に指示にしたがう傾向がある。

あるいはミスを注意したい場合も、けっして「ここがダメだ」といった否定だけになってはいけない。以前の若者なら通用したが、今はこれだけで萎《しぼ》んでしまうおそれがある。否定の言葉を呑み込む、もしくは前置き程度にして「こうすればもっと良くなる」という話に持ち込む必要がある。「褒めつつ補う」がコツだ。過保護と思われるかもしれないが、ハードで明確な課題に挑んでもらうことが前提だから、これでちょうどバランスが取れるのである。

若者は否定から入ってしまうと耳を閉ざしてしまう。だから、何か注意をするなら、「肯定→アドバイス→肯定」という流れが望ましい。純粋な「否定」は抜いてしまってかまわないだろう。以前は、ダメ出しが期待感の表われであると理解してもらえたが、現在は「自分は期待されていない」という思いにつながってしまう。ダメ出しする場合は、フォローを必ずセットにする必要がある。

若者は褒めすぎても慢心しない

「ここまで気を遣って褒めると、かえって調子に乗ってサボるのではないか」と思う人もいるかもしれない。だが私の経験上、それは杞憂だ。コンスタントに声をかけ、積極的に褒めていれば、逆に彼らは気を抜けなくなるのである。

これには理由がある。彼らは、従来の世代が当たり前のように持っていた〝闇雲《やみくも》な自信〟を持てずにいる。それを持つには、他人の評価が欠かせない。だから、自分を高く評価してくれる人に対して「いい人だ」というイメージを持ちやすく、「その人の信頼に応えるようにがんばろう」となるわけだ。

いい換えるなら、**自分に自信を持つということは、褒めてくれる人に対して一生懸命になることとイコールなのである。**その意味で、問題なのは慢心して失敗することではなく、周囲に褒めてくれる人がいないことで、不全感を募らせることだ。

だから、しっかり見守って褒めなければならない。「勘違いをされたら困るから」と見て見ぬふりをすることは、せっかく伸びてきた芽に水をやらないようなものではないだろうか。

むしろ、褒めるなら芽のうちのほうがいい。「あるところまで伸びたら褒めよう」ではなく、ちょっとでも芽が出たら先取りして褒める。いつまでも成果が出ないケースはよくあるが、そういうときこそ、元気づけるとともに「このままがんばればこうなる」と方向性を示すような褒め方が必要だ。

あるいは、いっそ芽が出る前に種の状態から褒める手もある。実際、私は「まだ結果は何も出ていないけど、いい予感がする」「このまま行けば、けっこういい芽が出るんじゃないか」と褒めることもある。そうすると、本当にその気になって結果を出す場合が多いのである。

つまり、褒める基準を思いっきり低く設定するということだ。特に新人の場合、その仕事ぶりを上司や先輩が冷徹に評価すれば、褒める部分はせいぜい二割、注意すべき点が八割といった感じになるだろう。しかし、あえてその配分を逆転させ、八割をポジティブに評価し、二割だけアドバイスを混ぜる。そうすると、そのアドバイスも効いてくるのである。

いい加減に思われるかもしれないが、実は褒める際に〝深さ〟はあまり必要ない。本人も気づいていなかった潜在能力をズバリ見抜いて伸ばす、などということができれば恰好はいいが、そこまでできる人は少ない。もっと表面的なレベルでも、コンスタントに評価したほうが得策だ。

ただし、嘘やお世辞は必要ない。若者はそういうものにきわめて敏感だから、かえって逆効果になる。「このリーダーは客観的な評価の眼を持っている」と思ってもらえないと、コメントの効力がなくなる。無理せず、潤滑油をさすように、会話の中にひと言折り込めばよい。「最近、いい感じだね」「この間のレポート、けっこう役に立ったよ」程度でも十分だ。「褒める」が大げさなら、「ポジティブなコメントをする」ぐらいに考えておけばいいだろう。

私が学生を指導したときも、「お互いに褒め合え」と言われると気疲れするが、「ポジティブなコメントを残せ」なら自然にできるという意見が出た。そこで、それを〝ポジ

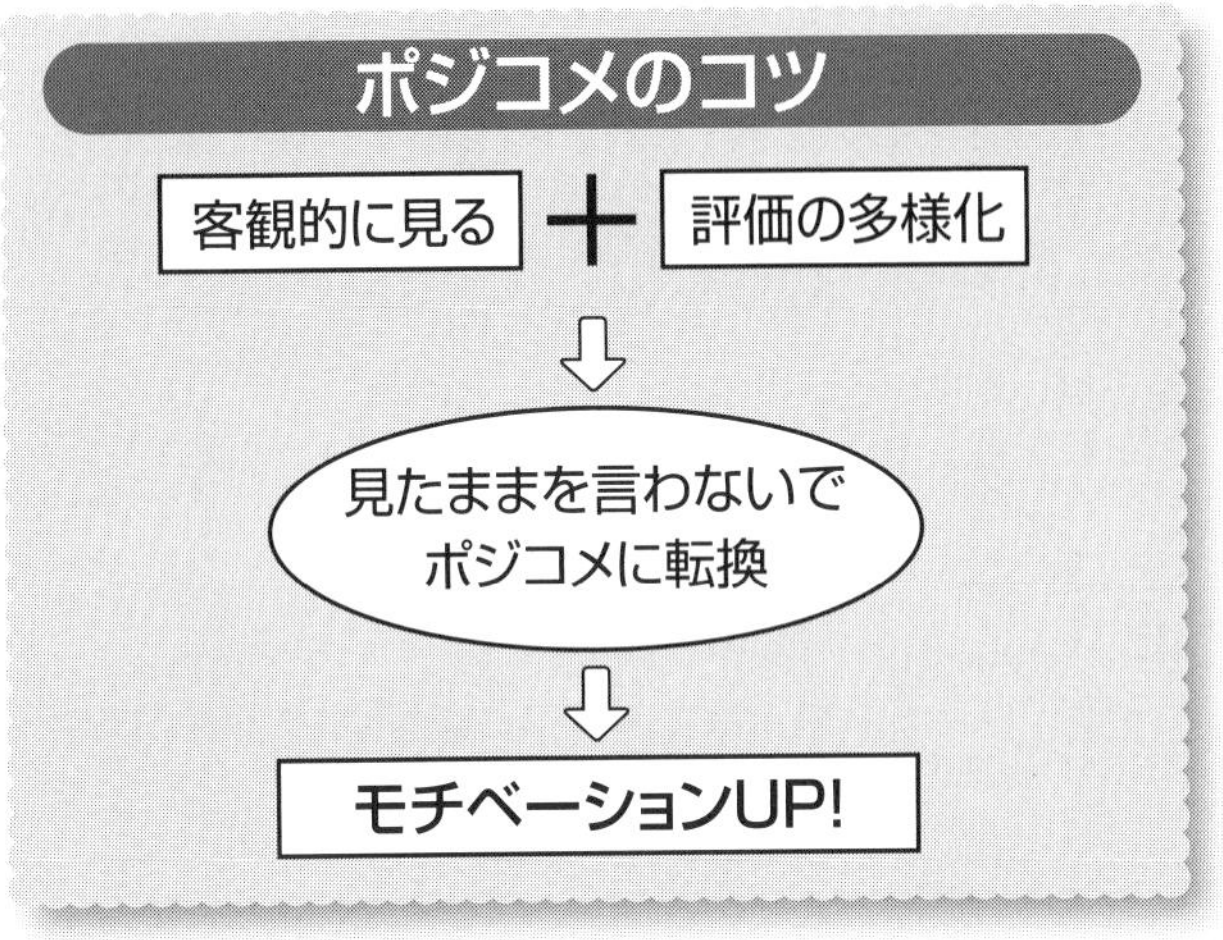

コメ〟と称して奨励したところ、教室全体の空気が明るくなった経緯がある。しかも、翌週に提出させたレポートが、質・量ともに向上したのである。

労働の報われ方には、大きく二つある。一つはお金であり、もう一つは心の面だ。前者のほうが便利でわかりやすいが、実は「給料が安いからやる気になれない」という若者は意外に少ない。それよりも、後者が満たされないために嫌気がさすというケースが圧倒的に多いのである。逆にいえば、仕事を正当に評価され、やり甲斐があれば、お金の面で多少報われなくても続けていけるのである。これは二〇歳代の新人のみならず、例えば三〇

〜四〇歳代の非正規雇用にも共通する話だ。

ところが日本の場合、あらゆる組織で〝褒めコメ〟は圧倒的に不足気味だ。この部分が改善されれば、多くの労働者の仕事に対する姿勢も変わるだろう。「慢心」を恐れず、要所要所で〝褒めコメ〟をさりげなく出せるよう、努める必要があるということだ。

注意するなら「極所限定」で

毎年の話だが、教育実習に学生を送り出すとき、「ちゃんと通用するだろうか」と心配になる者が何人かいる。だらしなかったり、心構えができていなかったり、いい大人として最低限のマナーさえ覚束《おぼつか》なかったりするのである。

例えば大学の授業でも、遅刻した際に「遅延証明書」を提出して「自分に責任はない」と言いたげな者がいたりする。全員が一律に遅れたのならまだしも、当人だけが間に合わなかったのに、そんな自分を正当化しようとするわけだ。

このまま教育実習に送り出して、果たして大丈夫なのか。同じ調子で平然と授業に遅

れ、生徒たちに悪びれもせず「遅延証明書」を見せたりしないか。私が不安に思うのは当然だろう。

彼らが教壇に立って問題を起こすと、学校に迷惑がかかることはもちろん、同じく実習に赴《おもむ》いた学生たちや後輩たちにまで影響が及ぶおそれがある。送り出す側として、それだけは阻止したいと思うのは当然だろう。事前に何らかの注意をしなければならない。

こういうとき、最も気をつけるべきは、当人に「人格否定」と受け取られないようにすることだ。今の若者は繊細だから、ちょっとキツい言い方をされただけで「自分には存在価値がない」などと考えてしまいがちだ。

例えば「今まで何をやっていたんだ？」と厳しめに問うただけで、「人生を否定された」とか「人格まで批判された」と受け止めてしまったりする。その挙げ句、「これはパワハラだ」と逆ギレして訴えてくる可能性すらある。

これに対処するには、まず基本として、否定的な話は拡大させないことだ。「だいたいお前は〜」「前から言おうと思っていたんだが〜」「こんなこともできないようでは〜」などと他の話を挿入するような、〝一事が万事〟的な叱り方をしてはいけない。気持ちはわかるが、効果はないし、むしろ危険だ。注意するなら、そのポイントを極所に限定する必要がある。

以上を前提として、さらに二点、有効な方法がある。**一つは、ひとしきり注意したら、かならず最後はポジティブなコメントで締めることだ。**「これさえ気をつければ、お前は大丈夫だ」「この機会を絶対に生かせよ」と激励して送り出すのである。

もう一つは、口頭だけではなく、注意すべき点を紙に書いて渡すことだ。それも細かく書く必要はない。二つか三つに絞って、簡単な箇条書きにする程度で十分だ。ただし、中身はなるべく具体的なほうがいい。

先の遅刻の例でいえば、単に「遅刻をしない」「言い訳をしない」などとするより、「この一週間だけ、遅刻をしないように意識してみる」「必ず一〇分前に着席する」とするわけだ。「これだけ注意すればいいんだよ」と言いつつ文字で見せると、受け取った側も冷静に対処しようと思えるのである。

「修正ポイント」を一つに絞れ

以上のように人を注意するとすれば、そのポイントを明確に見きわめる必要がある。それが教育者や上司の仕事であるともいえるだろう。

私が以前、テニスのコーチをしていたときのこと。生徒の一人が「両手打ちのバックハンドがどうしてもうまくできない」と悩んでいた。そのスイングを観察すると、たしかに修正すべきポイントがいくつもある。「右腕の引き方がダメ」「インパクトがダメ」「足の位置がダメ」といった具合だ。

一つひとつそれらを指摘してもキリがなく、一向に改善されない。そこであるとき、「今までの指導はすべて忘れて」と前置きした上で、「打つ直前に左腕をガーンと引いてみて。肘打ちするように」とだけアドバイスした。すると、たちまちスイングが安定するようになった。あれこれ見えていたとしても、言うポイントは絞る。これが基本だと改めて感じた。

悪い箇所を見つけて逐一指摘することは簡単だが、それでは良くならない。一つひとつとなると意識は散漫になるし、かえって混乱することにもなるからだ。それよりも価値があるのは、**ポイントを一つに絞ることによって、他のポイントまで同時に修正されていくこと。いわば「ツボ」を探す作業だ。**部下のためにそういうことをしている上司が、どれくらいいるだろうか。

とはいえ、千里眼の持ち主でもないかぎり、上司といえども部下の「ツボ」をズバリと指摘することは難しいだろう。ならば無理をせず、二人で話し合ってみればよい。当人の問題点をいろいろ挙げた上で、「どうすればいいと思う?」と尋ねてみる。そこで当人がいくつかの改善ポイントを挙げたら、二人で相談してそのうちの一つに絞る。そこで上

注意の仕方　3つのポイント

❶ サンドイッチ方式
［ 肯定→アドバイス→肯定 ］

❷ 注意は1対1で

❸ 修正ポイントは1つに絞る

司としてアイデアを持っていたとしても、まずは当人に考えさせたほうがいいかもしれない。それも、なるべく具体的に作業や習慣を変える形が望ましい。

これなら五分もかからないし、千里眼も不要だ。話し合って問題を共有・明確化することが大切なのである。「新人とはいえ社会人を相手に、そんな面倒なことはやっていられない」と考える上司もいるかもしれない。だがその感性自体が、もはや時代からズレている。上司としての責任を放棄していると言われても仕方がないだろう。

放っておいても勝手にポイントを見つけて修正し、勝手に成長してくれるような新人など、もういないと考えたほうがよい。上司が常に観察し、叱咤激励し、褒めてやらなければ彼らは動かないのである。

第④章

若者との“異文化”コミュニケーション術

酒の席に誘って、
親身になって語っても
あまり響かないようだ。

↓

若者はプライベートを大切にする。
「指導されたい」という
思いは強いので、
就業時間内にしっかり伝える。

教育実習をリタイアした若者に気づかされたこと

幕末の偉人・吉田松陰が、叔父であり師匠である玉木文之進《ぶんのしん》から受けた教育の一つは、「公《おおやけ》を私《わたくし》より優先させよ」だった。司馬遼太郎『世に棲む日日』の中の有名なエピソードだが、松陰が勉強中に寄ってきた虫を追い払おうとしただけで、文之進は「そんなことでどうする」と突き飛ばしたといわれている。勉強はあくまでも「公」のために行うものであり、虫を追い払うのは「私」の作業だ。一瞬たりとも「私」を優先することを許さなかったわけだ。

ここまで極端かどうかは別として、かつての日本人には、「私」より「公」を優先する精神が連綿と受け継がれていた。ところがいつしか逆転し、今は「公」より「私」のほうが優先順位は圧倒的に高い。

その最たる例が、ちょっと苦しくなると「心が折れた」「メンタルが崩れた」などと言ってすべてを投げ出してしまうパターンだ。まるで水戸黄門の印籠《いんろう》のように、「メンタルが崩れそうならすべて御破算にしていい」という〝独自ルール〟を持っているらしい。それによって周囲が迷惑を被ったとしても、自身のメンタルのほうが大事なのである。

私も以前、学生の「私」を優先する姿勢に驚かされたことがある。教育実習に送り出した者が、やはりメンタル面で折れそうになったときのこと。私は彼と緊急で面接を行い、具体的な対処方法を一緒に考え、勝手な行動をしないよう約束させ、最後までやり抜くということで面接を終了した。

ところが彼は、その翌日に勝手にリタイアしてしまった。それが実習先の学校にどれほど迷惑をかけるか、また大学や大学の後輩に悪影響を及ぼすか、想像できなかったわけではないだろう。だがそれよりも、「もうイヤだ、逃げ出したい」という「私」を優先させたわけだ。

私がこの一件からあらためて学んだのは、**「上下の一対一の約束は、意外に簡単に破られる」**ということだ。今の若い人に、こういう面での誠実さは期待できない。例えば「かならず出すように」と命じた重要な書類が提出されずに処置に困り、当人に私が電話をかける破目になり、「絶対に出す」と言うのを信じたが、結局待てど暮らせど提出されなかった。まったく問題なさそうに見えた学生だけに、私もショックを受けた。

これは教師と学生の関係のみならず、組織における上司と部下の関係でもいえることだろう。ひと昔前の感覚で若者と接していると、愕然とすることになりかねない。いっそ〝異文化〟または〝異星人〟とコミュニケーションをとると決めてかかったほうが、衝撃は少ないかもしれない。以下、その勘どころを考えてみよう。

上からの圧力より、横からの刺激で動く

先の「逆手指導ステップ」の成功で明らかになったのは、「私」を優先させる者どうしで、相互に刺激を与え合えばいいということだ。

上司が部下にものを言えば、それは「公」の論理になる。「会社とはこういうものだ」「社会のルールはこうなっている」「こういうふうに仕事をしなきゃダメじゃないか」といった具合だ。一方、部下の「プライベートを大事にしたい」「まだメンタルが整って

いない」「なんとなくイヤだ」といった発想は、「私」の事情だ。両者は対立の構図となるわけだ。

筋論でいえば、「公」である会社や社会のほうが強いはずだ。ところが、彼らはそこで「私」が通用しないとなると、その状況から距離を置こうとする。つまり、上司の話を正面から聞こうともしなくなるのである。

昨今の職場には、それを認めるような風潮もある。「上司と会話をせずに過ごす」という人も少なくない。ひと昔前なら、苦手な上司でも飲みに誘われれば断れないのがふつうだったが、今はあっさり断れるのである。

私自身、先の例のみならず、学生への愛情ゆえに一対一でずいぶん強く指導したこともある。それによって、個別に深い関係を築いてきた自負もある。だから私が教え子たちを個人的に集めて小さな研究会などを開くと、毎回一〇～二〇人は自然に集まってきた。

だが今は、そういう師弟関係よりも、友人どうしの横のつながりのほうが強い。友人ががんばっていれば自分もがんばるし、仲間の多くがクリアしたことは自分もやらなければまずいと考える。**つまり「先生にどう評価されるか」は原動力にならないが、「周囲がどう動いているか」によって自分の動き方も変わるわけだ。**だから、先に述べた〝同調圧力〟が効くのである。

いい換えるなら、彼らは上から教えられたり叱られたりすることより、横からの刺激を求めているということだ。例えば、会社で上司が部下に手本を見せたとしても、部下はあまり刺激を受けない。上司にとっては手慣れたことだから、部下から見ると「自分とは立場が違う」と線を引きたくなるのである。しかし、同じことを同僚がやって見せたとしたら、俄然《がぜん》張り切るかもしれない。「取り残されたくない」と願うからだ。

実際、私がふだん学生に「この本はおもしろいよ」と紹介しても、それを買って読む者はせいぜい五%程度だ。ところが、他の学生が読んだ本について上手にプレゼンすると、その本はこぞって読んだりする。同じ学生が言うならおもしろいはず、という安心感があるとともに、同世代として素直に触発されるからだ。

その意味で、今の若い人にとって危険なのは、こういう刺激を得られる場を持てないことだ。根が素直なだけに、刺激がなければ反応も鈍くなる。その結果、おとなしくて真面目そうだが覇気のない、中高年にとって恰好の批判対象になりそうな若者像が出来上がってしまうのである。

〝競争原理〟が働く仕組みを用意しよう

ただし、いくら横からの刺激を重視するとしても、その前に上からの指示がなければならない。「若い人の自主性に任せる」というと聞こえはいいが、それだけでは意識にバラつきが生まれてしまう。自主的に能力を発揮できる人はいるかもしれないが、できない人もいる。私の印象としては、後者のほうが多いのではないだろうか。これは見方を変えれば、「丸投げ」「放置」または「指導放棄」に近い。

指示を出すなら、むしろ能力や資質に頼らないようにすることが重要だ。やらなければゼロだが、やれば誰でもできる、という形で課題を提示するのである。

例えば「今週末までに企画を三つ提出せよ」という課題を出したとする。フォーマットのようなものを提示して、書き方まで教えればもっと明確になる。このとき、同時に伝えるべきは「質は問わない」ということだ。「選《え》りすぐり」を条件にすると、「レベルが低いと恥をかく」と考えて、提出を見送るおそれがある。それでは仕事にならないから、とにかく「三つ」という量と「今週末」という締切りを重視するのである。

そうすると、たいていの若者はリラックスして指示どおりの結果を出してくる。品質は玉石混淆《ぎょくせきこんこう》かもしれないが、とりあえずはそれでいい。それでも、けっして〝石〟だけにはならない秘訣がある。**全員の企画書を持ち寄り、どれが最も優れているか議論させるのである。**

彼らは、それぞれ評価する目は持っている。上司が細かく評価しなくても、質の高いもの、斬新なものを選び出すことができるのである。その結果、選ばれた企画書を出した者は当然嬉しいから、次も質の高いものを出そうと張り切る。選ばれなかった者も「こういうものを出せば選ばれるのか」という勘どころがわかるので、次はもっと工夫してみようと思うようになる。こんな民主的な〝競争原理〟を働かせることで、品質はある程度維持できるわけだ。

もっとも、彼らの選択がかならずしも正しいとはかぎらない。経験値の高い上司の目から見ると、他に選ぶべきものを見落としていることもあるだろう。だがそういう場合も、彼らの選択を尊重する必要がある。例えば選んだものを「チャンピオン」と認定した上で、「上司特別賞」のような形容詞をつけて他のものを提示する形にすれば、お互いに丸く収まる。なぜそれがいいのかを説明すれば、部下たちに新たな視点を教示することにもなるはずだ。

ちなみにこのとき、「全員で議論するための叩き台になるように提出せよ」という言い方も避けたほうがよい。ひと昔前なら当たり前の表現で、実際に全員で叩きながら形を整えていくことがよくあった。だが、今の若者はおとなしくて真面目すぎるため、「叩かれる」→「晒される」→「恥をかく」→「ならば出したくない」と考えてしまうおそれがある。

こういうときは、例えば**「それぞれのいい部分を抽出してブレンドするから」**という言い方でいかがだろう。結局は跡形もなく叩かれたとしても、これなら、一部分だけでも自分のアイデアが採用されればラッキーと思える。些細《ささい》なことだが、こういう言葉のちょっとした配慮が、若者の心をポジティブに変化させるのである。

評価基準はあくまでも客観的に

ところで、いうまでもなく上司は部下を選り好みしたり、ひいき目で見たりしてはいけない。例えば、露骨に「気に入る」「気に入らない」という態度を示す人がいる。あるいは個人単位ではないにせよ、「体育会系の人を好む」とか「元気のいい部下にばかり声をかける」といった傾向を隠さないこともある。こういう自分流のあやふやな評価基準を表に出されることを、部下は嫌うのである。

評価の基準を設けるとすれば、それはあくまでも客観的である必要がある。端的にいえば、「成果を上げたかどうか」だけに絞るべきだろう。気質も性格も問わないという姿勢が、フェアなイメージを与えるのである。

P・F・ドラッカーによれば、ビジネスの成功者は多数いるが、その気質や人格はバラバラであるという。ただ唯一共通しているのは、「成果を上げた」という一点だけだそうである。逆にいえば、どんな気質であれ、成果を出すことはできるということだ。

上司はその点を見逃すべきではない。

同じく、部下が嫌う上司のパターンとしては、「自己顕示欲が強い」「部下の仕事を自分の成果にする」「自分の失敗を部下になすりつける」などが挙げられよう。これらはある意味で〝定番〟だが、もう一つポイントを挙げるとすれば、**「ミスをなかなか認めない」**もある。

プライドが邪魔をするせいか、妙にごまかしたり、その話題に触れようとしないことはよくある。ミスをしたら「自分のミスだ」と率直に謝ればいいし、わからないことがあれば「教えてくれ」と聞けばいい。そういうフランクでオープンな態度の上司を、部下は信用するのである。

むしろ問題なのは、こういう悪い見本のような人が、会社組織においてふつうに上司として君臨しているケースが多いことだ。前章までに述べたとおり、システム的に若者を伸ばす方法ははっきりとしている。あとは、それを運用する上司のキャラクターの問題だ。その部分を、意外に軽視している組織が多いのではないだろうか。甘く見ていると強烈なしっぺ返しを食らうのは、世の常である。

自慢話は役に立たない

上司の立場にある人の中には、若者を相手に自慢話をしたがる人が少なからずいる。だがこれは、さして役に立たない。それがどれほど立派な武勇伝だったとしても、若者から見れば距離がありすぎる。つまり**何ら共感できないから、「自分もやってみよう」とはならないのである。**

ただし、自慢する必要はないが、実績は必要だ。部下にとっては、なぜ上司が今の地位にあるのか、その理由を知りたいのである。「自分はこういう結果を出してきた。だから今、その経験値をベースにして指導している」という説明がなければ、信頼してついていこうという気になれないだろう。実績や経験のある人に言われるなら納得する、という素直さが今の若者にはある。これが、ある意味で〝カリスマ性〟と呼ばれるものだ。

では、畑違いの部署からの異動などで、自らの実績がまったく知られていないときはどうするか。そんなときは、自分が今までやってきたことを、「このときは本当に苦しかったものです」など軽いコメントを加えつつ、Ａ４一枚にまとめて配布すると、自慢とはならず報告になる。紙ではなく挨拶などで自分の業績を語ると、どうしても長くなって聞き手をしらけさせてしまうおそれがある。

あるいは「失敗談」を語るなら、間違いなく若者にも興味を持たれる。「こんなトラブルに見舞われて落ち込んだ」といった話は勉強になるし、上司に対して親近感も持つし、ストーリーとしてもおもしろい。ただし、最後はかならず〝ハッピーエンド〟で終わる話でなければ、若者はかえって不安に思うかもしれない。

例えばイチローや本田圭佑《けいすけ》の語ることなら、もう全面的に納得する。しかし現役時代をよく知らない解説者のコメントには、あまり聞く耳を持たない。まして〝上から目線〟で「最近の選手たちは〜」とか「自分が現役のころは〜」などと批判的に語ろうものなら、逆に反発する。このあたりのメリハリは、かなりはっきりしているのである。

その点、おおいに真似るべきなのが、かつて体操競技で活躍された塚原光男さんの態度だ。「月面宙返り」の先駆者であり、数々のオリンピックでメダルを獲得されたが、昨今はご子息の直也さん（アテネオリンピック体操団体で金メダル獲得）の活躍でも話題を呼んでいる。

以前、その塚原さんと対談させていただいたときのこと。「今の選手たちは、私たちの頃とは比べものになりません。みんなスーパーマンです」とのお話が印象的だった。今では高校生でもふつうに月面宙返りができるらしい。「だから、自分が偉そうに言えることは何もない」と仰《おつしや》る。私はそれを伺って、「こういう謙虚な姿勢だから、ご子息をはじめ、多くの後進の選手たちが学べるんだろうな」と感じ入った次第である。

体操やスポーツの世界だけの話ではない。かつて活躍をしていた人ほど、「自分たちの時代より、今の水準のほうが高い」とは素直に認めにくいのではないだろうか。若い人に対して威厳を保ちたいという思いもあるし、自尊心もあるからだ。

だが、一般的なプレゼンにしても、昔のビジネスパーソンのほうが優秀だったとはいえない。今は誰でもふつうにパソコンを使って情報を得て、映像を含めて簡単に資料をつくり、演出を考えたプレゼンを行っている。そのすべてが成功しているとまではいえないが、ひと昔前には考えられなかったツールやアイデアが、当たり前のように盛り込まれている。つまり、クオリティは明らかに向上しているのである。

これは社会全体の進化によるもので、誰が偉いという話ではない。ただ、使いこなすには相応の勉強や訓練が必要で、その分だけ昔よりストレスフルな時代になったといえるだろう。問題は、そんな進化に気づかないこと、あるいはあえて目を背けて「昔のほうがすごかった」と思い込むことだ。このままでは、今の若い人を理解することはできない。ここは塚原光男方式で、「昔より明らかにすごいことをやっている」と素直に認めるべきだろう。

たしかに、昔のほうが努力していた面もあるはずだ。「私たちのころは～」と言いたくなる気持ちもわかる。しかし、それが真実であったとしても、それだけでは聞いてもらえない。その前に、「若い人の存在を認め、理解している」という態度を示さなければならないのである。

前置きなどの「傷つかないための予防線」を突破せよ

ミスター・チルドレンのヒット曲「しるし」の中に、「傷つかない為の予防線」という一節がある。これを聞いて、ドキッとした若者は多いのではないだろうか。常に予防線を張ろうとすることが、彼らの特徴の一つだからだ。

若者たちは、自分の実力が晒されることを苦手とする。恥をかきたくない、自尊心を傷つけられたくないという思いがきわめて強いのである。

だから、何かを発表しなければならない場に立たされると、言い訳から語り始めたりする。「ちょっと準備の時間が足りなくて~」「的外れかもしれませんが~」「ぜんぜんダメだと思いますが~」といった具合だ。実際には周到に準備し、ど真ん中を射抜くような発表だったとしても、こう前置きせずにはいられないのである。

しかし、こうした前置きはなるべく排除したほうがいい。それらの言葉は謙虚さのあらわれではなく、防衛本能の表れなのだ。常にしっかりと準備を行うことを心がけるためにも、前置きという防衛線に頼る癖をなくすよう、アドバイスしたほうがいいだろう。

こうした若者の防衛本能は、彼らの積極性の無さからも垣間《かいま》見える。例えば接客業で、目の前にお客がいるのにボーッと立ったまま対応しなかったとする。即座に身体が動くのが常識、と考えてはいけない。若者にとってみれば、「それならそうと、ちゃんとマニュアルに書いてもらわないと困る」「言われていないことはできない」という話だからだ。

彼らはけっして気が利かないわけでも、誠意がないわけでもない。「教えられていないこと、余計なこと、勝手なことをしてはいけないのではないか」と、むしろ気を遣っているのである。そういう判断自体が非常識に見えることもあるが、それをいくら嘆いても始まらないし、まして責めても改善しない。

かといって、マニュアルにすべて書き込むことも不可能だろう。考えられる対策は、まず上司・先輩が部下の手本となること、そして部下に逐一指導することだ。

この点について、おおいに参考になるのがオリエンタルランド（東京ディズニーランド・東京ディズニーシーを運営）の姿勢だ。客として東京ディズニーランドなどを訪れたときの心地よさは、多くの人が経験しているだろう。それは、アトラクションやキャラクターの楽しさだけではなく、無数にいるスタッフの方々のいずれもが、いきいきと働いているように見えることにも一因があるに違いない。

では、同社はどういう新人教育を行っているのか。かつて同社に在籍されていた福島文二郎氏の著書『9割がバイトでも最高のスタッフに育つディズニーの教え方』（中経出版）では、「理想の上司・先輩」として、「リーダーシップ」の他に「ゲストをよく見ている」「後輩をよく見ている。後輩にマメに声をかける」「改善点を見つけたら、すぐに改善するための行動を起こす」の三点を挙げている。

目の前で上司や先輩の働き方を見ていれば、部下もどういうときにどうすればいいか判断がつくようになる。その働き方がプロフェッショナルで前向きなら、「自分も見習おう」と思うだろう。また、そんな上司や先輩に「常に見られている」と思えば、気も抜けないしアピールしようという意欲にもつながる。適宜褒められたり注意されたりすれば、その思いはますます強くなるはずだ。

きわめて単純な話だが、実践できている会社組織は少ないのではないだろうか。**若者の予防線を突破するには、上司・先輩の予防線の〝なさ〟を見せるのが最も手っとり早いということだ。**

腹を割って話す必要はない

どんなに部下の要領が悪くても、上司として「こいつはダメだ」と見捨てるわけにはは行かない。突き放せば、今の若者は心も離れてしまうだけだ。これは当然だろう。

かといって、「本当のところ、仕事に対してどう思っているんだ？」「腹を割って話そう」などと内面を探ろうとすると、今度は拒絶反応を示す。**心の中まで指導されたくないという思いもあるし、上司との間に濃い人間関係を築きたいとも思っていない。**彼らは、常に適度な距離感を保ちたいのである。

だから私も、今の学生たちとは距離感を大事にしている。昔の学生となら、毎週のように新宿あたりで朝まで飲み明かしたものだが、今はない。その代わり、主に授業時間内でこちらの意思や課題をしっかり伝え、「来週までにやってくるように」などと指示を出す。そんなつき合い方が、学生たちにとって心地よいのである。

これは会社組織でもいえることだろう。かつてなら、上司と部下が仕事終わりに飲みながら、「お前の弱さはここにある」とか「会社はもっとこうあるべきだ」などと熱く語り合う機会も少なくなかった。それによって、上司から部下へ人格的な影響も与えられたかもしれない。

だが今は、たとえどれほど上司が飲み屋で熱く語ったとしても、若い部下にはさほど響かない。自分の時間を干渉されたことになるからだ。

しかし、けっして上司やリーダーの存在を求めていないわけではない。むしろその気持ちは、かつての若者よりずっと強い。いい方は悪いが、まるで子犬が飼い主に頼るように、いい上司に指導されたいと思っている。そういう上司の下では素直に結束するし、真面目に吸収すべき点を吸収しようと努めるのである。

その成果として現れているのが、昨今の日本サッカーの隆盛だ。もともと日本人はチームスポーツを得意としているが、特に素直さを増した若者たちによって、「言われた戦術をきちんとこなす」ということに磨きがかかっている。男子はザッケローニ監督が就任すればその方針を的確に理解し、そのとおりに動く。女子も佐々木則夫監督の戦術どおりに動ける。

だから戦術が高度になればなるほど、日本チームは自然に強くなる。「一〇〇メートルを早く走れ」といった単純な分野で世界と伍して戦うのは難しいが、サッカーでは戦術理解力の高さによって、フィジカル面の弱さを補っているわけだ。しかも、精神的に監督に依存することはないし、あきらめずに相互に助け合う姿勢も強固だ。

戦術が高度に進化しているサッカーの世界では、こういう日本人選手の姿勢が高く評価されている。平たくいえば、監督にとって使いやすいわけだ。海外のトップリーグで活躍する日本人選手が急速に増えてきた要因も、ここに一端がある。

こういう日本の若者の特性は、おおいに活かすべきだろう。だからこそ「逆手指導ステップ」のようなシステムを導入し、業務時間内に必要なことはすべて話し、深みにはまらない程度にアドバイスを送る必要がある。いわば〝つかず離れず〟の、絶妙な距離感を保ちつつ指導することが大切なのである。

モウリーニョを目指す必要はない

できれば上司は明るく、声の張りのある人のほうがいい。その存在感が場の雰囲気をつくるからだ。しかし、無理にでも明るく振る舞わなければならないとしたら、気質的に合わない人にとっては苦痛だろう。

では、そういう人は上司になれないかというと、そうでもない。明るさと同様、あるいはそれ以上に必要な要素として、**「部下をずっと見守る姿勢」**が挙げられる。これなら気質に関係なく、ちょっと意識すれば誰でもできるはずだ。

例えば中日ドラゴンズ元監督の落合博満氏は、すっかり「名将」の仲間入りをした感があるが、かならずしも明るいとはいえない。ただ一方で、けっして選手を怒鳴ったり、敗戦を選手の責任にしたりすることはなかった。その代わり、練習中も試合中も選手たちを実によく観察していた。

その上で、「以前より良くなった」「前回はこうだったが、今回はこうなっていた」など軽く声をかける。ずっと見守り続けてきたからこそできるアドバイスだ。たとえば荒木雅博選手は「監督にはすべて見透かされている感じがする」と述べている。これが選手たちにとってどれほど励みになるかは、想像に難くないだろう。

これを真似ようと思えば、必要なのはメモだ。部下の一人一人を単に見守るだけではなく、それを簡単に記録しておくのである。よほど大組織のボスでもないかぎり、その数はさほど多くないだろう。そして機会を見つけては、以前より変化した点について「あのときのこれは良かったよ」「ずいぶん成長したね」などと声をかける。

言われた側は、それだけで「このままがんばろう」と思えるし、「この上司の言うことなら何でも聞こう」と思ってくれるかもしれない。無理をして〝いい上司〟を演じなくても、人心を掌握することはできるのである。

例えば、現在のサッカーの世界でカリスマ的指導者といえば、レアル・マドリードのモウリーニョ監督だろう。そのリーダーシップや人心掌握術は、ビジネス界などからも注目を集めているほどだ。

とはいえ、一般の上司や中間管理職者がモウリーニョを目指すのは、いささか無理がある。特にあの〝熱さ〟は、なかなか真似できるものではない。

たしかに熱い人は、周囲の興味・関心を集めやすい。そこに人柄や冷静な戦略が加われば、間違いなく人気者になれるだろう。だが日本人の場合、概して感情を表に出すより、むしろできるだけ平静を装うほうが得意だ。

前述した通り情熱はあったほうがいいが、無理をしてまで、カリスマ性をともなうほどの「熱血」な上司になる必要はないだろう。情緒が安定し、客観的にものごとを見ることができ、的確でポジティブなコメントを常に出せる状態を保つ——クールなキャラクターならば、こんな上司を目指したほうがいいだろう。

若者の指導を部下に任せる手もある

相応の経験を積んだ誰もが、かならずしも若者の指導をできるわけではない。経験に裏打ちされた若干のカリスマ性を持ちつつ、けっして威張ったりせず、ふつうの明るさと素直さとハードな仕事に取り組める体力を持つ人。要件はこの程度だが、すべてを兼ね備えた人はなかなかいない。人にはそれぞれ向き・不向きがあるから、経験だけで機械的に上司の役割を担わせることは避けるべきだろう。場合によっては、組織に大きな不利益になりかねない。

そこで、**もし上司として部下の指導が不得意であることを自覚しているのなら、同じ部署で比較的得意そうな者に委任したほうがいいかもしれない。**「お前が三年目までのメンバーのリーダーになれ。それをお前の業務にする」と宣言すれば済む話である。それはちょうど、スポーツチームにおいて、監督以外のリーダーとして選手の中からキャプテンを選ぶようなものである。

例えば高校ラグビーの強豪校として知られる東福岡高校の前監督・谷崎重幸さんは、かつてスパルタ式に選手を鍛えていたという。ところがある時期から、徹底的に選手たちの自主性を重んじる方式に一八〇度転換した。選手全員でキャプテンを選出し、練習メニューも試合中の作戦もキャプテンを中心に全員で選択させるそうである。

おかげで、選手たちは萎縮することなくプレーできるし、お互いに切磋琢磨して創意工夫する。また監督がチームに何かを伝えたいときには、キャプテンに言えば済む。お互いに良好な関係が保てるわけだ。

もっとも、同校ラグビー部には、もう一つ特筆すべき点がある。もともとハイレベルで厳しい練習方法が、ある程度確立されているということだ。したがって、誰がキャプテンに選ばれてもハイレベルは維持される。監督が細かく指示を出さなくても、自主的に動けるシステムが整っているわけだ。

これは、組織の理想型の一つだろう。上司だからといって、部下にいちいち干渉する必要はない。優れたシステムがあって有能な〝キャプテン〟がいれば、組織は自ずと力をつけていくのである。

あるいは、いっそ職場の全員が新人教育を担うという手もある。かつてリクルートに在職されていた大塚寿氏（エマメイコーポレーション代表取締役）は、著書『職場活性化の「すごい!」手法』（PHPビジネス新書）の中で、自身の新人時代を振り返りつつ、この方法を〝集団的お節介〟と称して推奨されている。

〈もちろん専任のOJTリーダーはつける。が、それと同時に全課員に個別の新人育成活動を義務づけるのだ。朝のロールプレイング、夜のロールプレイング、同行営業など、実施する内容を細分化して個々に割り振ってもいいし、第一週目の同行、第二週目の同行営業といったように期間で分割して行う手もある。もちろん人事考課の項目にもいれて評価する。（以下略）〉

たしかにこれを実施すれば、チームとしての一体感が増すだろう。誰かとソリが合わなくても、別の誰かに救われるかもしれない。しかも、さまざまな知見を吸収できるという意味で、きわめて強力な教育体制になるに違いない。

第5章

タイプ別・「困った若者」の処方箋

反応のうすい若者と
うまくコミュニケーションを
とるには?

↓

彼らの考えを小さな
紙に書かせよう。彼らは
会話は苦手だが、書かせると
きちんとしたコメントを記す。

「おとなしい」「積極性がない」「すぐに投げ出す」「内向き」など、昨今の若者を批判的に形容する言葉は多い。たしかに、こういう見方は間違いではないかもしれない。

だが、これらは彼らの一面でしかない。見方を変え、接し方や指導法を変えれば、〝弱点〟は〝強み〟にも変わるのである。

そこで本章では、若者に見られるいくつかの特徴をタイプ別に分類し、その対処法を考えてみた。

(1) 当事者意識の足りない若者

挙手を待っていてもムダ

以前、ある大手新聞社から取材を受けたときのこと。主筆の方と若い方の二人にお会いしたのだが、質問をするのも、相槌《あいづち》を打つのも、メモを取るのも、ほとんど主筆の方だけだった。横に座る若い方は、ただ黙ってボーッとしているだけ。「いったい何をし

に来たの？」と聞きたいぐらいだった。

仕事柄、私はさまざまな業界の方と取材や打ち合わせを行うが、しばしばこういう場面に出くわす。先輩や上司が必死にアイデアを出したり場を盛り上げたりしているのに、部下や後輩は脱け殻のように存在感を消している。要するに、後者には当事者意識が欠けているのである。

当事者意識がないということは、いわば〝観客〟だ。「仕事の邪魔をしちゃいけない」と遠慮しているのかもしれない。だが、それがいかに不自然かは、その場にいる当人以外は全員感じている。

おかげで、そこには微妙な空気が漂うのが常だ。これは社外での打ち合わせだけではなく、社内の会議などでもいえることである。

本来なら、若い人がその場をリードしてもおかしくない。まだその能力や経験が乏しいなら、せめて笑顔を見せつつ相槌を打ったり、メモを取ったり、できれば質問を挟んだりなど、その場に参加している姿勢を示してしかるべきである。

それができていないとすれば、まず「君は当事者なんだ」と指導する必要がある。「だから、この場に対する責任がある」ということを自覚させなければならない。これは折りに触れて、何度でも言ったほうがいいだろう。

その上で、かならず意見や質問を出してもらう。日本の会議の場合、「誰か意見はありますか?」と聞いても全員黙ることが多いので、個人的に指名して言わせたほうがよい。それも、「よくわかりました」のような抽象的なものは不可。具体的に、できればアイデアを被せるようなコメントが望ましい。

私の授業の場合、しばしば全員を立たせ、意見を言った人から座るという形にすることもある。全員が座った状態で「誰か立って言ってくれ」と呼びかけても、やはり遠慮や恥ずかしさがあるため、なかなか応じてもらえない。しかし全員が立った状態から始めると、逆に早く言わなければ恥をかくことになる。そこまでしないと、積極性を引き出せないということだ。

若者に新人教育を担当させよう

若者に当事者意識を植えつけるために最適なのは、後輩やアルバイトの指導を担当させることだ。自分より当事者意識の足りない人間を目《ま》の当たりにすることで、我が身を振り返ってもらうわけだ。

例えば教育実習に行った学生は、その前と後で態度が別人のように変わる。まさに〝教育実習版ビフォー・アフター〟の感がある。これはある意味で当然だろう。自分よりも積極性のない中学生や高校生に三週間接することで、いやが上にも自分と日本の将来を憂えるようになる。彼らをどう積極的にさせるかを必死で考えているうちに、自身も積極的になっていくのである。

おかげでアフターの学生たちは、私にとって教え子というより、語り合える〝仲間〟になる。**ビフォーの段階では「もっと積極性になれ」とハッパをかけていたのに、アフターになると「な、大変だろ」とわかり合えるのである。**社会人でも、例えば二四〜二五歳の若者に二二〜二三歳の若者をケアさせるだけで、上司や先輩とかなり問題意識を共有できるのではないだろうか。

実際、そういう制度を導入している会社は少なくない。若手社員と新人でコンビを組ませ、逐一指導したり、相談に乗ったりする、いわば〝社内コーチング〟が一つのパターンだ。これは、若手社員の意識を高めるだけではなく、自らの仕事の再確認にもなる。また、教え方や接し方を実践的に学ぶことで、将来のリーダーシップの訓練にもなるという。つまり、教える側が最も学ぶことができるわけだ。

一対一の関係が重たければ、二対二や三対三など、集団的に面倒を見ていく手もあるだろう。その中で人間関係ができれば、新人はプライベートな悩みなども打ち明けやすくなる。それは職場内で孤立・脱落する者を出さず、全体の意識を高める意味でも、きわめて効果的な制度になるはずだ。

特に入社三年目あたりで〝社内コーチング〟を経験すると、自覚と責任が生まれて「自分がこの会社を支えている」という気分になれる。その効果は、一度経験してみれば誰でもわかるはずだ。

勤務時間内に〝社内コーチング〟を

昨今では、社員全員が専門的なコーチング理論を学んでいる会社もある。それによって誰かを頭ごなしに叱ることがなくなり、代わりにポジティブなアドバイスを送れるようになったという。

「コーチング理論」というと難しそうなイメージがあるが、実はそうでもない。基本は、相手の話をしっかり聞き、心理状態を把握しようということだ。その上でポジティブなコメントを伝えたり、具体的なアイデアを出したりする。けっして一方的ではない指導がコーチングなのである。

それも、「飲みながら話そう」ではダメ。あくまでも業務として、就業時間内にこういう機会を設けることに意味がある。**例えば月に一回、一〇分だけ仕事を中断して話し合いの場を持つことをおすすめしたい**。一対一でも、三対三でも、現在抱えている仕事の状況を話し合い、問題点を洗い出すなり、悩みを聞くなり、修正を図るなりしていく。事態が改善されるか否かもさることながら、こうやって話のできる場を持つことが重要なのである。多くの会社はまだ制度化していないだろうが、私にはそれが不自然にさえ思える。

こういう場を設けることは、非効率に思えるかもしれない。だが、結果的に生産性も向上するはずだ。昨今の会社は、メンタルの問題を抱えて長期に休む社員を少なからず抱えている。株式会社アドバンテッジリスクマネジメントが行った調査によると、二〇一一年においてケガや病気で三〇日以上の休暇を取った人のうち、「メンタル疾患」を原因とする人は六八％にも達しているという。

またライフバランスマネジメント研究所代表の渡部卓《たかし》さんによれば、社会全体で「うつ病」が増えてきたのは一九九〇年代初頭から。その要因の一つとして考えられるのが、インターネットの普及であるという。

例えば、かつて営業の仕事は顧客との雑談を重視していた。それがビジネスを円滑にするだけではなく、仕事のやりがいや楽しさにもつながっていた。ところが、「効率化」の名の下に商談などがメールに置き換えられ、コミュニケーションの機会が減ったことで、ストレスが増えた。それによって「うつ」を発症する人が増えたのではないか、というわけだ（『WEDGE Infinity』――職場うつを増加させた働き方の変化　非効率化につながるだけの効率追求型組織／海部隆太郎構成／二〇一三年二月一二日より）。

たしかに、人と会って話しているだけでも、モチベーションは上がりやすい。逆に一人で作業をしていると、モチベーションは下がる。一日中パソコンの画面だけを見つめるような仕事も多いが、それが多大なストレスになることは、今や多くの人が体験的に理解しているのではないだろうか。

私がよく知る編集者の方々も、かつては「いろいろな人と会って飲み食いするのが仕事」と決めてかかっていたようなところがある。ところが現在は、ＩＴ化ですっかり余裕がなくなり、人に会う機会がめっきり減ってしまったという。

一見すると効率的ではあるが、それによって溜め込むストレスや疲れを引き算すると、トータルではマイナスだろう。しかも、適当な相談相手も見つけにくいため、不満は共有できず、ストレスは解消されない。

だからこそ、組織として意図的に雑談や相談の機会をつくっていく必要がある。〝社内コーチング〟も、その一環と捉えればわかりやすいだろう。

当事者意識の足りない若者には？

- ●会議では個人名を指名して意見を言わせる。
- ●若者に新人教育を担当させて、「わかり合える仲」になる。
- ●一ヵ月に一〇分程度、話し合いの場を持つ。

(2) すぐに辞めたがる若者

社内に相談できる環境はありますか

慣れない環境に戸惑う新人は、「この会社は自分に合っていないのではないか」と考えがちになる。それを学生時代の友人など社外の人に相談すると、たいてい「転職したら?」というアドバイスが返ってくる。お互いに社会的な経験値が乏しいし、客観情報も足りないからだ。だが、それが本人にとってプラスになるかどうかは微妙だ。また会社にとっては、多くの場合マイナスだろう。

だいたいこういう相談は、夫婦喧嘩《ふうふげんか》の仲裁に入るようなもので、事情を両方から聞かなければ的確なアドバイスはできない。一方の主張だけを聞けば、「それは相手が悪い」という話になりがちだ。退職・転職についても、当人にとっては「最悪の会社」「最低の上司」かもしれないが、実は当人の社会人としての意識レベルが低すぎたり、会社側がかなり我慢している場合もある。双方の事情を熟知し、冷静にアドバイスできる人間は、なかなかいないだろう。

それができるとすれば、同じ社内にいる三年〜五年上の先輩だ。彼らに相談を持ちかけていたとしたら、事情はまったく違うはずだ。よほどブラックな会社でもないかぎり、「自分も転職を考えたことがあったけど、こう考え直して踏み止《とど》まった」「転職した人間は、今こうなっている」「たしかにこの会社は世間の常識からズレている部分もあるが、それにはこんな理由がある」「今はしんどいかもしれないが、そのうちこうなる」などと慰留《いりゅう》されるに違いない。

実際にその会社に三年〜五年もいる人間の話だから、何よりもリアリティがある。それを聞いた上で判断したとしても、遅くはないはずだ。

つまり会社側にとっては、もし新人が離職・転職を考えるなら、その相談相手は社内の先輩であるほうが望ましいわけだ。だいたい「会社を辞めたい」と考える要因の一つは、悩みを誰にも相談できないという状況にある。先輩に相談できるとすれば、それだけで心理的にもかなり救われるのである。

「所属」することの大切さを教えよ

あっさり会社を辞めてしまう若者の中には、その先を考えていない者が少なくない。よくあるのが、「とりあえず資格の勉強をする」というケースだろう。それほど会社が嫌だったということかもしれないが、それでうまくいく保証はない。私としては、ぜひ思い止まってほしいと思っている。

そもそも資格試験は、ポジティブな面ばかりではない。当然のことながら、まず勉強しても取得できないリスクがある。そうなると働き口がかぎられ、社会との接点も薄くなり、気分も落ち込んでくる。家族がいる場合、家の中でも居場所がなくなるかもしれない。その状況は、メンタルの問題まで引き起こすおそれがある。いわゆる〝司法試験廃人〟などは、その典型だろう。

若者にかぎらず、私たちにとって「どこかに所属している」という状況自体が精神安定剤になり得る。どこにも所属しないことは、大きな不安定要因になる。よほどのブラック企業なら話は別だが、たとえ嫌な会社でも、所属していることにはそれなりの価値があるということだ。この点は、もっと強調されていいはずである。

それに、資格を取ったとしても、すぐに収入を得られる保証もない。「資格さえあれば食いっぱぐれない」と考えるのは間違いだ。ただちに使えるのは、医師免許ぐらいではないだろうか。今や弁護士でさえ、苦労して資格を得ても所属する事務所が見つからず、仕方なく個人事務所を構えて干上がってしまうケースさえある。その挙げ句、弁護士会への会費の支払いが滞るようになり、資格を持っていても弁護士として活動できなくなったりするのである。

一方、最近は大企業を中心に、組織として社員に必要な資格を取らせる制度を整えつつある。資格にこだわるなら、まずはそういう制度の利用を考えるべきだろう。あるいは会社に制度がなかったとしても、組織に所属しながら資格を取る道はあるはずだ。

いずれにせよ、せっかく入った会社を安易に辞めるべきではない。**資格一つで道が開けるわけでもない。**会社の上司・先輩は、社会人の先輩としても、新人にそういうことを教える必要があろう。

組織に止まって学べることは多い

それに、是非はともかくとして、日本の会社の採用は〝鮮度〟にこだわる傾向がある。なるべく新卒を採用したがる一方、卒業から二年、三年と経過した人ほど避けようとするのである。まるで〝獲れたての魚〟ばかりを欲しがるような感覚だ。

したがって、学生の側から見れば、卒業して一年空いただけで不利になる。まして三年程度も空いたとしたら、「社会人・組織人としてやっていくのは無理」と判断されてしまう。その三年間に何をしていたのか、よほど明確で魅力的な説明ができないかぎり、新卒と同じ土俵で戦うことは難しい。仮に「資格の勉強をしていました」と説明しても、ポジティブには捉えられないだろう。大学院生でさえ、かならずしもプラスにならない社会なのである。

私はこういう事実を学生にさんざん言い聞かせているが、なおかつのんびりしたがる者がいる。「意に沿わない会社では働きたくない」と就職活動もせず、大学院にも行かず、つまり無所属のまま世に出てしまうのである。

では当人は社会人としてやっていけないかといえば、私の見るかぎり、そのようなことはない。人とふつうにコミュニケーションできるし、前向きな姿勢も持っている。ところが、ここでブランクが生じてしまうと、いざ就職しようと思っても採用面接にすら行き着けなくなるおそれがある。

一方、意に沿わない会社に就職した学生でも、二〜三年程度働けば驚くほど社会人らしくなる。その意味で、会社の教育効果は絶大だ。とりあえずは所属して、社会人としてのトレーニングを受けたほうが、本人の将来のためにもプラスだろう。

誤解を恐れずにいえば、たとえその会社がブラック企業であったとしても、無所属でいるよりは成長できる。私の教え子の中にも、ブラック企業だと気づかずに就職し、散々な目に遭った者がいる。社員教育らしきものはほとんどなく、勤務時間も仕事のシステムも無茶苦茶。給料は月々一〇万円を切り、「辞めたければいつでも辞めろ」というスタンスだったそうである。結局、彼は早々に退職し、教員採用試験を経て現在は教壇に立っている。だがその短い期間でさえ、社会人の何たるか、責任を負って仕事をするとはどういうことかを勉強できたという。実際、退職後の彼に会ったとき、ずいぶん大人びた印象に変わっていて驚いた覚えがある。

新社会人の退職・転職の場合も同様だ。入社早々に辞めたくなる気持ちもわかるが、「まず辞めてからじっくり次を考えよう」などと悠長に構えていると、どんどん〝鮮度〟が落ちて買い手がいなくなっていく。逆にとりあえず二〜三年我慢してみれば、社会人としてのベーシックなノウハウを学ぶことができる。身の振り方を考えるのは、それからでも遅くない。若者をそう諭すのが、できる上司・先輩の役割ではないだろうか。

すぐに辞めたがる若者には？

- 三年〜五年上の先輩に相談するように促す。
- 資格一つで道が開けるわけではないこと、何かに所属していないことが大きな不安とマイナス要因を生むことを伝える。
- どんな会社でも、社会人として成長できることを説く。

（3）リーダーになりたがらない若者

リーダーシップは後天的に養われる

これからの正社員としての必須条件を端的にいえば、リーダーシップがあるということだろう。新入社員であっても、仕事において何らかの責任を負い、社内外の人に動いてもらわなければならない。そこがアルバイトと違う点だ。若者には、まずこの点をわからせる必要がある。

ところが、もともと「自分にリーダーシップがある」と感じている人はほとんどいない。まして最近の若者は、人の上に立ったり、率先して人を動かしたりすることを好まない。およそリーダーシップを感じさせない世代なのである。

では、永遠にリーダーになれないかといえば、そうでもない。後天的に磨かれていくからだ。例えば、サッカー日本代表のキャプテンを務める長谷部誠はその典型だろう。

今でこそリーダーとして高い評価を受けているが、高校時代まではキャプテンどころか練習をさぼることもある選手だったという。その後、さまざまなチームで経験を積むうちに、リーダーシップを身につけていったのだろう。

だいたい、仮にリーダーシップが先天的に身についているものだとすれば、世代ごとに持てる人と持たざる人の割合が変わるとは考えにくい。しかし、今の若者の世代は押し並《な》べてリーダーシップを持っていない。だとすれば、これは先天的なものではなく、育ってきた環境や経験に負うところが大きいと考えるのが妥当だろう。

実際、今の若者はリーダーシップを磨く機会にほとんど恵まれてこなかった。当然ながら、受験勉強ではリーダーシップはまったく育たない。せいぜい部活で部長を務めた程度だろう。だから、持っていなくて当たり前なのである。

裏を返せば、若者のリーダーシップを鍛えるなら、そういう場をどんどん与えればいいということだ。もちろん、いきなり管理職の仕事をさせよといっているのではない。

例えば日常業務の中には、細々としたルーチンな仕事もあるはずだ。それを新人に割り振り、それぞれ〝リーダー〟に指名して責任を持たせればよい。そのリーダーの指示には、たとえ上司や先輩であっても基本的にしたがうというルールにする。

たとえ小さな役割でも、それを一年間でも全うすれば、リーダーとはどういうものか、その責任感や緊張感や孤独感を体感できるだろう。これが、リーダーシップを育てる第一歩になるはずだ。

「身体」を使ってリーダーの養成を

私の大学のゼミでは、子どもたちの前で演劇を披露することが一つの伝統になっている。芝居経験があろうがなかろうが関係ない。学生たち自身が試行錯誤しながらつくり上げていくのである。

本番当日が近づくと、練習自体が高揚感や緊張感に包まれる。仲間どうしの絆も深くなる。そして何より、個々人のリーダーシップが格段に高まる。それぞれに役割と責任を負い、積極的に関わろうとするからだ。

演劇は、人を育てる絶好の〝舞台〟になり得る。ポイントは、身体を動かすことだ。

それによって感情を表現したり、注目を浴びたり、あるいは人に動くように指示したりする経験が、積極性や当事者意識を呼び覚ますのである。これらはいずれも、リーダーになる人には欠かせない要素だろう。

同じ効果はチームスポーツでも期待できるが、こちらは得手不得手が露骨にある。かぎられた人しか参加できないという意味で、教材にはなりにくい。その点、演劇にも上手下手はあるものの、とりあえず誰でも参加できる。だから学びやすいのである。

あるいは、伝統としてこういうイベントを取り入れている場合もある。有数の進学校として知られる開成中学・高等学校の在校生やＯＢにとって、最大の誇りは年に一度の運動会であるという。すべてが生徒たちによって自主的に、丸一年をかけて準備される。それも余興としてではなく、勝利のためにすさまじい情熱が注がれる。学年の枠を取り払い、縦割りで一つのチームとなって、先輩が後輩を鍛え上げるそうである。

そのプロセスを通じて、彼らは集団における規律を身につけ、リーダーシップを学び、それをまた後輩に伝えていく。そんな伝統が、代々続いているのである。純粋に科目の勉強という観点でいえば、この運動会は一点も貢献しないだろう。だが、そこで真剣に挑むことで得られるものは、勉強よりはるかに大きい。

会社の場合、こういう真剣勝負のイベントの機会はなかなか得られないかもしれない。しかし、余興的に身体表現の場を設けることは可能だ。ひと昔前なら、忘年会や社員旅行で新人が芸を強要されることはよくあった。それも即席の一発芸というより、事前に出演を申し渡して周到に準備させるパターンが多かった。

これなら、少なくとも条件的には私のゼミの演劇とさして変わらない。新人どうしで必死になって出しものを考えたり、練習したりするうちに、姿勢は前向きになるし、結束も強くなった。また、チームをまとめるとはどういうことかを実践的に学ぶことができたのである。たかが余興とはいえ、貴重な〝研修システム〟だったわけだ。

会社によるこういうイベントは、一時減少傾向にあったものの、最近はやや復活しつつあるようだ。できれば、機会がもっと増えることを期待したい。運動会や旅行がイベントとして大きすぎるなら、いわゆる宴会やカラオケ大会のようなものがもう少し多くてもいいだろう。

組織論の分野で世界的なベストセラー・ロングセラーとなっている『学習する組織』

（ピーター・M・センゲ著／英治出版）によれば、大事なのは組織内で学習するという文化・伝統をつくることだという。それは、リーダーシップが先輩から後輩へ受け継がれていくということでもある。

たしかにそんな組織文化の中に身を置けば、どんな人でもリーダーのあり方を学んでいくはずだ。

リーダーになりたがらない若者には？

- まず細々としたルーチンの仕事のリーダーに任命する。
- 忘年会で余興をさせてみる。

（4）知的好奇心に乏しい若者

「知的好奇心がない」ことを前提にする

今の若者の知的好奇心は低下傾向にある。趣味が無いことはないのだが、その深度が乏しく、一通りの知識で満足している。そして絶対的な教養の量が、かつての学生よりかなり減っている。私が受け持っている文系のクラスでは、微分積分の意味を知っている学生はあまりいないし、文学専攻の学生のうちドストエフスキーを読んだことがあるのは二〇パーセント以下だ。

彼らは知的好奇心を育てる機会を得ないまま、大学に入学してしまったのだろう。残念ながら、受験勉強では知的好奇心は育たないのである。もはや、「今の若者には知的好奇心がない」ということを前提にしてしまったほうが、彼らを正確に把握することにつながり、有効な手を打てるようになるといえよう。

彼らの知的好奇心を育てるには、本を強制的に読ませることが一番である。本来は知的好奇心があるからこそ本に手が伸びるのだが、逆にまず強制的に本を読ませて彼らに知的好奇心を植えつけるのだ。その際、やはりさまざまな分野で一冊でまとまった知識が得られる新書がおすすめだ。

強制的な読書は、ビジネスマンにも有効な習慣だといえる。特に、**一つのチームで共通のテキストを読むことを提案したい。**チーム全員が共通の知識、視点を持つことで、業務のレベルが全体的に上がっていくのである。たとえば、これは新書ではないが、ドラッカーの『マネジメント』をチーム全員で読むことで、「顧客」や「時間が資源である」といった概念が共有化され、話もしやすくなる。これぞ「学習する組織」だ。あらゆる仕事が高度化され、専門的な知識や手法が求められる現代、今や学習の習慣を持たずに仕事をするのは難しい時代だといっていいだろう。

新聞をスクラップさせると二週間で変わる

今の若者は新聞も読まない。かつてのビジネスパーソンは「新聞を読む世代」だったといえるが、今の若手ビジネスパーソンは明らかに「新聞を読まない世代」であるといえる。

私は学生への課題として、新聞を読ませて興味を持った記事を切り抜かせ、ノートに貼って持参させている。これを毎日の習慣にすると、二週間で変わる。情報を吸収することに対する情熱が生まれ、さまざまなことにアンテナを立てるようになる。

彼らにとって、新聞に載っている記事は「必要のないもの」「あまり関係のないもの」であったのだが、実際読んでみるとその内容の幅広さに驚き、好奇心が膨らんでいくのだ。いわば頭の中に、情報を吸着させる〝磁石〟ができはじめるのである。木に喩えるなら、読書で知的好奇心の幹をつくり、新聞で枝葉をつくるのだ。一度知的好奇心に火がつけば、あとは自然に新聞に目を通す習慣が身につくようになる。

ビジネスマンなら、日経新聞や経済雑誌をスクラップさせるのもいいだろう。この習慣を部下、後輩に課す際には、「社会人には社会常識が必要。**何も知らない人間にお金を預けようとは思わないだろ**」などときちんと理由を説明することが肝心である。

また、紙の新聞にこだわらなくてもよい。ある学生に教えてもらったのだが、携帯電話のアプリに、地方紙を含めた各社の社説が読めるものがあるそうだ。彼はこのアプリのおかげで電車の中で各社の社説を読む習慣が身につき、今では読まないでいると違和感を覚えるようになったという。他の学生もこのアプリにはかなり関心を持っていた。

このようなＩＴ技術の進歩は大いに活用すべきだろう。

知的好奇心に乏しい若者には？

- **強制的に本、特に新書を読ませる。**
- **まず二週間、新聞や経済雑誌から興味のある記事を切り抜き、ノートに貼るという課題を課す。**

（5）反応のうすい若者

身につけたい四つの「反応」

あなたのまわりにも、反応のうすい若者、いいかえればリアクションがはっきりしない若者が一人くらいいるのではないだろうか。何かを問いかけても、OKなのかダメなのかはっきりしない。さらに訊くと心もとなげに「大丈夫だ」と言ったりするのだが、実は大丈夫ではなかったりする。以前の若者は、ダメなときはダメだとはっきり言ってくれたが、最近の「感情のヒダ」が感じられない若者は、何を考えているのか伝わってこない。

いわば、「心の無表情」である。本来、若者がいるとその場は活気や熱を帯びるものだが、心が無表情な若者がいると逆に場が冷えてしまう。そして文字通り、彼らの身体は冷えてしまっていることが多い。体温が低く、身体が冷めてしまっているから、リアクションも冷めているのだ。

ただ、彼らも友人に対しては、はっきりしたリアクションを示している。**問題なのは、彼らが「友達」と「友達以外」を、はっきり分けてしまっていることなのだ。**会社にいくと急に身体が冷えてしまい、反応が小さくなってしまうのである。

彼らに対しては、「反応がうすいことはよくないことだ」とはっきり伝えなければならない。はっきりしたリアクション、身体的な社会性の第一歩は、うなずくこと。「うなずかないと感じが悪いし、不信感を持たれるよ」と諭し、うなずくという動作を身体的に体得させることが肝要だ。

それができたら、今度は「相手の目を見て話す」「相槌を打つ」そして「ほほえむ」ことを教える。若い人の中で、急に感情が切れてしまう〝危険〟なタイプは、ほほえまない人である。私は彼らには「普段からほほえんでおいたほうがいいよ。テニスでは、相手のサーブを待つときにはきちんと構えて準備するだろう。それと同じで、ほほえんでいること、上機嫌でいることは『構え』、社会人としての基本なんだよ」といった具合にほほえみの大切さを伝えている。

また、相槌のリアクションが乏しい若者も少なくない。「あー」という言葉を繰り返すのではなく、「なるほど」「そうですね」「じゃあ、これもありますね」といったバリエーションを持たせるようにしたい。

雑談力は社会人の条件の一つ

さらに私は、あいさつ＋αの「雑談トレーニング」も提案したい。

外回りなどで取引先にあいさつする際、あいさつの言葉を述べた後に＋αの話題を添えることができない人は少なくない。日本人はこの「あいさつのあとの言葉」のバリエーションが少なくて、たいてい天気の話題を口にするのだが、若い人は天気の話さえしない。十年前くらいから、二十代の人は雑談が苦手だという傾向が感じられる。

しかし、私は、「誰とでも雑談ができること」は社会人の重要な条件の一つだと考えている。あなたは、どの年代の人とも話せる話題を持っているだろうか。たとえば、「景気が上向いてきましたね」といったやんわりとした政治経済の話題を、あいさつのあとにスッと入れることができるだろうか。こうしたなめらかな会話を行う「雑談力」は、社内のストレスを減らすためにも（特に女性は雑談をすることでストレスが減るようだ）、生産性を上げるためにも是非身につけたい能力だといえる。

反応がうすい若者とのコミュニケーション

一方で、反応がうすいことに対して、過度に気を遣う必要はない。自らへの問いかけにはっきりした反応を示さなくても、彼らは別に不機嫌なわけでもないし、その話を否定しているわけでもない。彼らの態度を誤解して、「人の話を聞いているのか」などと怒ってしまうのが最もよくない。

彼らとのコミュニケーションには、ひとつ、有効な方法がある。**自分の考えを紙に記すよう促すと、きちんとしたコメントを書いてくるのだ。**彼らは会話は苦手だが、普段メールをやりとりしているせいか、文章を書くことは比較的慣れている。メールでも悪くないのだが、やはり書き文字からは書き手の人間性が伝わってくる。書き文字を読む

と相手がかわいく思えてきて、信頼関係が生まれるのだ。そして、彼らとのコミュニケーションがより円滑になっていく。

具体的には、Ｂ６くらいの大きさの紙に、彼らの要望、気になっていることを書いてもらう。次章は「第６章　若者たち自身が考える、『若者のトリセツ』」という章なのだが、若者に小さな紙を配って自らの考えを書いてもらった結果を紹介している。一読すれば、この方法が効果的であることを実感していただけるのではないだろうか。

少なくとも私は、このやり方で学生が何を考えているのかを知ることができて、安心するようになった。「今の若者は何を考えているのかわからない」という悩みがあるなら、是非一度試してもらいたい。

反応のうすい若者には？

- まずうなずくことの大切さを説く。次に、「相手の目を見て話す」「相槌を打つ」そして「ほほえむ」ことを教える。
- あいさつ＋αの話題として、天気の話、やんわりとした政治経済の話などを持ちかけるよう促す。
- B6くらいの大きさの紙に、自らの考えを書いてもらう。

第 6 章

若者たち自身が考える、「若者のトリセツ」

今の若者に対する、
ネガティブなイメージを
一回捨てる!

↓

一人ひとりポジティブに
見てあげて、
若者のまじめさを生かそう。

冷静でブレのない若者たち

本書の最初に紹介した「逆手指導ステップ」を実践した後、私は学生たちに簡単なアンケートをお願いした。このハードな授業を受けた感想に加え、どうすれば自分たちは伸びると思うか、大人たちにどう扱ってほしいかを尋ねたのである。いわば若者の〝取扱説明書〟を、若者自身に考えてもらったわけだ。

すると彼らの多くは、B6の小さな紙片にびっしりと書き込んでくれた。中には表面だけでは足りず、裏面まで綴った者もいる。このあたりにも、彼らの素直で真面目な気質が表われている。

そして驚いたのは、その内容がほとんど一致したことだ。特に設問などを用意したわけではなく、「自由に書いていい」と伝えたにもかかわらずである。

これを、彼らの「個性のなさ」と揶揄《やゆ》するのはたやすい。たしかに、今の若者は均一的で個性に乏しい。「それでも個々人は違う」という〝個性論〟もよく聞くが、それは実体を表した意見とはいえない。

だが私にいわせれば、没個性で何が悪いのか、という話である。書いた内容が一致するということは、それだけ彼らは世代として共通する悩みや怒り、自己観や世代観、社会観を抱いているということだ。どんな組織においても、今の若者たちは同じような問題に直面していると想定できよう。

ただし彼らは、本人たちも自覚しているように「おとなしくて真面目」だから、ここに書いたようなことを滅多なことでは口に出さない。会社組織の上司や先輩に、反論や要求をぶつけるようなことはしないだろう。だから上の世代は「ゆとり世代は何を考えているかわからない」となって、扱いに困ることになる。つまり双方に意識のズレがあるわけだ。これは、良好な関係とはいえないだろう。

そこで本章では、彼らの回答の一部を整理・編集した上で紹介しよう。読みやすさを考慮して抜粋または「てにをは」レベルの修正を加えた部分もあるが、なるべく原文を残す形にした。つまり、かぎりなく本音に近いはずだ。なお、似通った意見ばかり集めたわけではなく、むしろ極力バラエティに富むよう抽出したことも付け加えておきたい。
ここに、彼らの世代に共通する思いが表われていることは間違いない。ふだん職場にいる若者が何を考えているか、どんな接し方を望んでいるのか、おおいに参考になろう。

「ゆとり世代」と呼ばれることについて

すぐ「ゆとりだから」と言われて、最初は嫌な感じでしたが、最近は自分たちから「ゆとりだからしょうがない」と開き直っている感じがします。反抗心がなくなってしまうことは、私を含め、良くないことだと思います。

「ゆとり世代」と呼ばれる私たちは、何ごとにも受け身だと思う。言われたことはしっかりやるが、言われた以上のことはやらない傾向だ。でしゃばることを嫌い、みんなに合わせるのが一番だと思っているので、上の世代の人たちにある程度尻を叩いてもらうと個性や力を発揮するのではないか。明確な目標を出してもらうと、それに向けてがんばると思う。

私を含め、私のまわりの人々は追いつめられないとものごとに取り組まない傾向にあると思う。しかし、やることはやるので、上の世代の人々はある程度任せてほしいと思う。一種のリズムとなってしまっているため、途中でそのペースを崩されると力を発揮できないことがあるので、温かく見守ってほしいと思います。

ゆとり世代はエネルギーがないと思う。活力がない。もう疲れている。だからといって遠慮されても困る。

ゆとり世代は優秀だと思う。もちろん、他の世代の方も自分の世代が優秀だと思っているだろう。世代論なんてそんなもので、最近では「ゆとり」と言われてもなんとも感じない。

思えば、みんな「ゆとり、ゆとり」と言われるばかりで、褒められた経験が少ないので、自画自賛のスペシャリストかもしれない。

「ゆとり」だからという理由で、存在を認められていない人が多いはずです。それゆえに、居場所をつくっておく必要があります。

「逆手指導ステップ」を経験して

何をやっても軽蔑されない空間ができていたので、すごく驚きました。失敗しても変な顔をされず、なんとなくフォローされたり、笑ってくれたりしました。居心地がよかったです。

毎週辛かったですが、本当にためになったし、毎回刺激的でとても楽しかったです。齋藤先生のハイテンションにもついて行けるようになりました（笑）！

今までも勉強や部活に一生懸命に生きてきたつもりだったが、自分はまだまだ余力を残して生きていたことを知った。多くの若者も自分と同じように真面目だが余力を残して生きていると思う。

そんな人たちに有効なのは、こういう全員参加の授業で、そのエネルギーを放出させることだ。大声を出すことを強要されれば、多くの人はとたんにエネルギッシュになるのではないか。

全員がやっているという状況をつくり出すのがいいと思います。誰か一人でもやっていないと、マジメにやっているのが恥ずかしいという意識になります。

無茶だと思ったことでも、やれば意外とどうにかなることがわかった。最初は心が折れそうになったが、最終週までやり通せた。またしっかりやればやるほど同じ班の人に褒められるので、やる気がとても出た。自分が授業を立てるときには、齋藤先生の授業をパクろうと思います。

バイト先で誰よりも大きな声で挨拶ができるようになった。臨機応変な対応を求められる無茶ぶりの発表によって、着実に対応力、さらにプレゼン力が身についたのではないかと思う。

人間とは根本的にマゾなのではないかと感じた。笑いたくなるような過酷な課題を与えられても、きちんと人の目に留まり、評価してもらえれば、やりがいもあり、また冗談みたいな課題も「人とは違う世界に生きている」という気がして誇らしかった。

課題をこなしていないと他の人に迷惑をかけてしまうというプレッシャーがある。私たちはきっと他人の目を気にする人が多いのではないか。だからみんな真面目に取り組んできたのだと思う。

「褒められたい！」

期待をされていないことが、やる気の喪失につながります。きっと年上の人が褒めてくれれば、若い人のやる気もアップするはずです。

いわゆる「ゆとり世代」は素直なので、単純に褒められれば伸びると思います。「すごいね！」と言われると「うふふ」「えへへ」ってなります。そして何も言われなくてもやってくるようになると確信しています！

私たちは「君たちならできる」など、前向きなコメントをもらえると伸びる。「試練はおもしろい」など、苦境を力に変えてくれるようなコメントをもらえると、やる気が出ます。

私は、自分で言うのも何ですが、「褒められて伸びるタイプ」だと思います。「すごいね」と言われると、「よし次はもっとがんばってもっと驚かせてやるぞ！」と思います。ただの甘えかもしれませんが、今までこれでがんばってこれたのは事実です。

自分を認めてくれる人間の話は聞こうという気持ちになります。なので、「褒めコメ」は本当にありがたい。また、実力があると認めた人の話も聞きます。ただし自分より下、もしくは同等だと思った人間のことはとことんなめます。なので、ある程度の威厳を保ちつつ、一人一人を認めてあげるのがいいでしょう。

私は特別扱いされると伸びます。褒められることが大好きです。また、自分の発表を真剣に聞いてもらうより、笑って聞いてもらえると、次週はよりいっそう良いものをつくろうという気になります。

「明確な指示が欲しい」

（バイト経験から）店が忙しいのでベテランスタッフがなかなか声をかけてくれず、どういう動きをすればいいのかわからないので、消極的になってしまった経験があります。

人間関係もまだ構築されていない状態なので、遠慮するのは当たり前だと感じます。なので、指示待ち状態になります。とにかく「わからない」状態で動けと言われても無理なのです。

私が新人スタッフに接するときは、新人が次に何をすればいいのかを明確にしてあげることを気をつけています。新人のほとんどは、サボるつもりで動かないんじゃありません。何をすればいいのかわからないけど、今先輩に声をかけると忙しそうだから待っている状態なのです。

私たちは、しっかり教えていただければ必ず伸びます！　大人の人たちは「それぐらい自分で考えろ」と仰るかもしれませんが、「しっかり教えないで怒鳴るなんてどういうことだ？」と思っています。怒鳴る前に教えてください！

やるべきことを明確にし、基準をハッキリ示してください。責任を持つべきこと、そうではないことを示してください。

私たちは、厳しい課題と手本となるようなすばらしい指導者がいれば、成長することができると思います。また、その成長に対してよく理解し、個人として褒めてもらえることで、よりいっそう努力する気がします。

具体的な手本がなく、自信が持てない若者たちは、何か明確な目標を示されることで、それを素直に吸収・実行できる気がします。

若い世代は環境の変化に適応しにくいような気がする。慣れればのびのびと実力を出すことができる。

今の若者は自分が何をすればいいのか、何をしたいのかわからないので、嘘でもいいから山のような課題を与え続けて欲しいです。

年上（指導者）に何を求めるか

私が接していて安心できる年上の方は、関係性を築こうと努力してくださっている方、私の現在ではなく未来に対して投資してくださっていると感じることができる方です。大人が無条件に自分を信頼してくれているとわかれば、応えたいと思うのが子どもの素直な反応じゃないでしょうか。

個人の持つ何か一つでもいい点を見つけて褒めてほしい。でも、ただ褒めるだけではなく、自分の価値観などを織り交ぜながら話を展開してもらうと、「この人はこう感じているんだ」と親近感を持ち、信頼できる。前向きな姿勢、笑顔、はつらつとした声。この3つがあれば尊敬するし、がんばらなくちゃ、と思える。

仕事の話題は仕事の間にお願いします。

効果の見えない作業より、効果や結果の見える仕事をさせることで（若者は）伸びると思う。

最近の大人は気を遣いすぎです。齋藤先生の授業が楽しいと思えたのは、私たち自身の課題を「ズバッ」と言ってくれたからです。先生がドSなだけかもしれませんが、私はドMです。大人は子どもより知識も知恵も経験もあるのは当たり前で説得力もあるので、もっとストレートに言ってほしいです。

突き放して失敗させ経験を積ませようとすると、自信をなくす。

言ってはいけない言葉、傷つく言葉

「だからお前たちは○○なんだよ！」……「ゆとり世代」と一括りにされることに慣れすぎているので、このようなことを言われると反発しまくることが目に見えています。

目の前で何を言われてもかまいませんが、陰で何か言われるとモチベーションがなくなります。

バイトなどで「使えない」と言われると、非常にやる気がなくなるし、辛くなる。

けなされたりバカにされると、何もやる気が起きません。「バカだな」と言われると、とにかく落ち込みます。

何も言われない、無言の怒りほど落ち込むものはありません。自分が見放された、もう反応してもらえない、などとあることないこと考え込んで、暗い気持ちになってしまいます。

何かがうまくできないとき、「じゃあ、やらなくていいや」と言われると凹みます。

「やる気がないなら帰れ」などと言われると、どうすればいいかわからなくなってしまいます。注意するときは厳しい言葉で一喝するのではなく、穏やかな言葉で諭して欲しいです。

日本の未来は明るい！

以上の回答からもわかるとおり、彼らは自分たちの世代認識について、おそろしくブレがない。世間から批判的に見られていることも意識し、おとなしくて真面目であることも自覚している。厳しい局面でも耐えられると自負する一方、理不尽な要求や仕打ち、突き放されたような言動は徹底的に嫌う。

これほど傾向が顕著になる世代は、過去の日本においても例がないだろう。ひと昔前の若者なら、世代的な括りよりも個々人の気質の差のほうが圧倒的に大きかった。だが最近は、おとなしさと真面目さが世代全体に浸透している感がある。

だがこれは、けっして否定的に捉えるべき現象ではない。むしろ文明の成果ではないかという気さえする。消極的だがおとなしくて真面目な若者がこれだけ揃った国は、おそらく過去にも世界にも例がない。私はそこに、大いなる可能性を感じずにはいられないのである。

例えば厳しい課題を与えても、耐え忍んでクリアしようとする。チームを組めば、なおさら〝同調圧力〟がかかってハイレベルな結果を出そうとする。それを繰り返せば、どれほど見事な成果が得られるか計り知れないだろう。

実際、私はこれまで二〇年以上にわたって教壇に立ち続けてきたが、授業の質はここ数年で急速に向上した。授業期間中の学生の伸び率も上がった。正直なところ、「ゆとり世代」を目《ま》の当たりにした当初は失望しかけたこともある。しかし彼らの気質を掌握し、「逆手指導ステップ」を編み出したあたりから、失望は希望に転換したのである。

　私がふだん接している学生たちは、ごく標準的な、どこにでもいそうなふつうの若者ばかりだ。何かに情熱をたぎらせているわけでもないし、世界と戦えるほどの技能を持っているわけでもない。しかし、とんでもない〝落ちこぼれ〟や〝イヤな奴〟もいない。授業にはいつも九割以上が出席するし、面倒な課題もほぼ例外なくこなしてくる。

　それによる最大のメリットは、チームを組みやすいということだ。すでに述べたとおり、私の授業は三〜四人を一組にしてチーム単位で作業してもらうことが多い。そうすると、足を引っ張る者はいないし、むしろ切磋琢磨しようとするため、作業の精度が高いのである。どんな社会・業界でもチームプレーが不可欠であることを考えれば、これはきわめて重要なポイントだろう。

　こうした若者たちをつぶさに観察してきた結果、私は一つの確信を抱くに至っている。「日本の未来は明るい！」ということだ。「おとなしくて真面目」であることは、最

大の武器になる。その気質をベースとすれば、平和で安全、安定的で、創意工夫に満ちた社会が成り立つだろう。

近年は、日本の未来については、どちらかというとネガティブに語られることが多かった。少子高齢化が進展している上、経済成長は停滞し、国際競争力も新興国に押され気味だ。その上さらに若者が内向きで弱々しいとすると、いったい誰が日本の未来を背負って立つのか、といった具合である。

だが大丈夫。彼らはそういうキャラクターであるがゆえに、驚くほど伸びる。きっと日本も支えられるはずだ。問題は、伸ばすための環境をどれだけ整えることができるか、ということに尽きる。つまり、もっと上の世代の責任である。

あとがき

若い世代への偏見を減らし、彼らが力を発揮できるような環境づくり、関係づくりを提言する。これが本書の目的であった。その基本的な方向性は示せたと思う。

タイトルの「取扱説明書」という言い方は、若者を機械のように見ているようで少々冷ややかな印象を与えるかもしれない。しかし、これは「若い人とのクリエイティブな関係の築き方」をわかりやすく伝えるための表現で他意はない。

私自身はこの二〇年以上、若者と日々交わり、心血を注ぐようにして関わってきた。私がどれだけ情熱的に、過剰なエネルギーで学生たちとクリエイティブな場を作ってきたのかは卒業生に聞いてもらえればわかる。冷ややかどころか熱すぎる関係性を生きてきた経験を踏まえて、若い人たちとの接し方を提案した。

「ゆとり世代」という言い方についても、私自身が「ゆとり世代はダメだ」などと決めつけているわけではもちろんない。むしろ「ゆとり世代」という言い方で特定の世代に対して否定的な印象を持つ傾向を修正しようと思っている。二〇〇二年に小中学校の学習指導要領が改訂されたが、これが「ゆとり教育」と呼ばれる。二〇一二、一三年度の改訂後の教育は「脱ゆとり教育」と呼ばれている。ゆとり教育で学校教育を受けた世代がゆとり世代と呼ばれる。一九八〇年代後半から二〇〇〇年代前半の生まれの世代がゆとり世代に当るが、世間で揶揄《やゆ》されるほどの能力の極端な低下は実際にはない。ただし変化の傾向は感じる。「真面目だが消極的でおとなしい」という印象が年々強まっている。これはゆとり教育の結果というよりは、日本社会全体の変化や少子化、経済状態などに起因する所も大きいと思われる。したがって、脱ゆとり教育以降も、若者の「おとなしい傾向」は続くと私は予想する。

本書では、ゆとり教育を受けた世代をはじめ、それ以降の若者たちに対していたずらにネガティブな先入見を持つことなく、かといって「若者はいつの時代も同じ」という適当な見解でお茶を濁すのでもなく、傾向を見定めた上で有効な接し方の対策を提案した。

なぜこのような「傾向と対策」が必要なのか。それは、自分が上の世代からされたことを下の世代にしていけばいいというようにはなっていないからだ。パワハラやセクハラという言葉が浸透し、接し方の基準も変わってきた。社会人になるプロセスで自分が経験してきたことだけを頼りに部下を指導しようとしてもうまくいかない時代となってきた。

きちんと目の前にいる個人を見て、接し方を工夫していく丁寧さが、今求められている。この本では接し方の基本をおさえた。それをもとに、個々人の特性に合わせてアレンジしていってもらいたい。

若い世代には、この本を読んで自己認識を深め、自分で自分を啓発するきっかけとしてほしい。卑屈になる必要はない。しかし、安閑《あんかん》として消極的なままで済むわけでもない。

不況、少子高齢化、財政赤字、東日本大震災、領土をめぐる防衛・外交問題などがあり、この日本は磐石《ばんじゃく》ではないと皆が感じるようになった。しかし、声高に危機を叫ぶだけでは対処することにはならない。「傾向と対策」をきちんとしていけば、荒波といえるこの状況を乗り切っていけると私は考えている。

いろいろな世代が乗り込んでいるこの大きな船を、協力し合って、一人ひとりがしっかりと漕いでいけばいい。お互いに前向きな気持ちで船を漕ぐために必要な基本を、この本では書いた。

今時の若者は、実は伸びる。いや、接し方によっては驚くほど伸びる。この実感を共有していただきたい。

この本が世に出るに当っては、『1分で大切なことを伝える技術』（PHP新書）などと同様、PHP研究所新書出版部の西村健さん、島田栄昭さんの御協力を得た。アンケートに協力してくれた明治大学の学生さんたちにも感謝したい。ありがとうございました。

最後に、
絶対忘れてはいけないこと三ヵ条！

❶ 「君ならできるはず!」という期待感をもって接する

❷ 明確な指示と説明

❸ 「褒めコメ」などでフォロー

やる気の方程式

期待感＋明確な指示＋フォロー
＝ やる気

イラスト――しりあがり寿
構成――島田栄昭

PHP新書

PHP INTERFACE
http://www.php.co.jp/

（撮影：長谷川博一）

齋藤 孝［さいとう・たかし］

1960年静岡県生まれ。東京大学法学部卒業。同大学大学院教育学研究科博士課程を経て、明治大学文学部教授。専門は教育学、身体論、コミュニケーション論。
著書に『声に出して読みたい日本語』(草思社文庫、毎日出版文化賞特別賞受賞)、『身体感覚を取り戻す』(NHKブックス、新潮学芸賞受賞)、『教育力』(岩波新書)、『雑談力が上がる話し方』(ダイヤモンド社)、『1分で大切なことを伝える技術』『凡人が一流になるルール』『使える!「孫子の兵法」』(以上、PHP新書)、『上昇力!』(PHPビジネス新書)など多数。

若者の取扱説明書
「ゆとり世代」は、実は伸びる
(PHP新書869)

二〇一三年六月二十八日 第一版第一刷

著者――齋藤 孝
発行者――小林成彦
発行所――株式会社PHP研究所
東京本部――〒102-8331 千代田区一番町21
新書出版部 ☎03-3239-6298(編集)
普及一部 ☎03-3239-6233(販売)
京都本部――〒601-8411 京都市南区西九条北ノ内町11
組版――アイムデザイン株式会社
装幀者――芦澤泰偉＋児崎雅淑
印刷所
製本所――図書印刷株式会社

ISBN978-4-569-81240-3

ＰＨＰ新書刊行にあたって

「繁栄を通じて平和と幸福を」（PEACE and HAPPINESS through PROSPERITY）の願いのもと、ＰＨＰ研究所が創設されて今年で五十周年を迎えます。その歩みは、日本人が先の戦争を乗り越え、並々ならぬ努力を続けて、今日の繁栄を築き上げてきた軌跡に重なります。

しかし、平和で豊かな生活を手にした現在、多くの日本人は、自分が何のために生きているのか、どのように生きていきたいのかを、見失いつつあるように思われます。そして、その間にも、日本国内や世界のみならず地球規模での大きな変化が日々生起し、解決すべき問題となって私たちのもとに押し寄せてきます。

このような時代に人生の確かな価値を見出し、生きる喜びに満ちあふれた社会を実現するために、いま何が求められているのでしょうか。それは、先達が培ってきた知恵を紡ぎ直すこと、その上で自分たち一人一人がおかれた現実と進むべき未来について丹念に考えていくこと以外にはありません。

その営みは、単なる知識に終わらない深い思索へ、そしてよく生きるための哲学への旅でもあります。弊所が創設五十周年を迎えましたのを機に、ＰＨＰ新書を創刊し、この新たな旅を読者と共に歩んでいきたいと思っています。多くの読者の共感と支援を心よりお願いいたします。

一九九六年十月

ＰＨＰ研究所

［経済・経営］

079 ケインズの予言　佐伯啓思
187 働くひとのためのキャリア・デザイン　金井壽宏
379 なぜトヨタは人を育てるのがうまいのか　若松義人
450 トヨタの上司は現場で何を伝えているのか　若松義人
526 トヨタの社員は机で仕事をしない　若松義人
543 ハイエク 知識社会の自由主義　池田信夫
587 微分・積分を知らずに経営を語るな　内山 力
594 新しい資本主義　原 丈人
603 凡人が一流になるルール　齋藤 孝
620 自分らしいキャリアのつくり方　高橋俊介
645 型破りのコーチング　平尾誠二／金井壽宏
710 お金の流れが変わった！　大前研一
750 大災害の経済学　林 敏彦
752 日本企業にいま大切なこと　野中郁次郎／遠藤 功
775 なぜ韓国企業は世界で勝てるのか　金 美徳
778 課長になれない人の特徴　内山 力
790 一生食べられる働き方　村上憲郎
806 一億人に伝えたい働き方　鶴岡弘之
852 ドラッカーとオーケストラの組織論　山岸淳子
863 預けたお金が紙くずになる　津田倫男

［医療・健康］

336 心の病は食事で治す　生田 哲
436 高次脳機能障害　橋本圭司
498 「まじめ」をやめれば病気にならない　安保 徹
499 空腹力　石原結實
551 体温力　石原結實
552 食べ物を変えれば脳が変わる　生田 哲
656 温泉に入ると病気にならない　松田忠徳
669 検診で寿命は延びない　岡田正彦
685 家族のための介護入門　岡田慎一郎
690 合格を勝ち取る睡眠法　遠藤拓郎
698 病気にならない脳の習慣　生田 哲
712 「がまん」するから老化する　和田秀樹
754 「思考の老化」をどう防ぐか　和田秀樹
756 老いを遅らせる薬　石浦章一
760 「健康食」のウソ　幕内秀夫
770 ボケたくなければ、これを食べなさい　白澤卓二
773 腹7分目は病気にならない　米山公啓
774 知らないと怖い糖尿病の話　宮本正章
788 老人性うつ　和田秀樹
794 日本の医療 この人を見よ　海堂 尊
800 医者になる人に知っておいてほしいこと　渡邊 剛

801 老けたくなければファーストフードを食べるな　山岸昌一
824 青魚を食べれば病気にならない　生田 哲
860 日本の医療 この人が動かす　海堂 尊

［人生・エッセイ］

147 勝者の思考法　二宮清純
263 養老孟司の〈逆さメガネ〉　養老孟司
340 使える！『徒然草』　齋藤 孝
377 上品な人、下品な人　山﨑武也
411 いい人生の生き方　江口克彦
424 日本人が知らない世界の歩き方　曾野綾子
431 人は誰もがリーダーである　平尾誠二
484 人間関係のしきたり　川北義則
500 おとなの叱り方　和田アキ子
507 頭がよくなるユダヤ人ジョーク集　烏賀陽正弘
575 エピソードで読む松下幸之助　PHP総合研究所〔編著〕
585 現役力　工藤公康
600 なぜ宇宙人は地球に来ない？　松尾貴史
604 〈他人力〉を使えない上司はいらない！　河合 薫
609 「51歳の左遷」からすべては始まった　川淵三郎
634 「優柔決断」のすすめ　古田敦也
653 筋《すじ》を通せば道は開ける　齋藤 孝
657 駅弁と歴史を楽しむ旅　金谷俊一郎
664 脇役力〈ワキヂカラ〉　田口 壮
671 晩節を汚さない生き方　鷲田小彌太
699 采配力《さいはいりょく》　川淵三郎
700 プロ弁護士の処世術　矢部正秋
702 プロ野球 最強のベストナイン　小野俊哉
714 野茂英雄　ロバート・ホワイティング〔著〕／松井みどり〔訳〕
722 長嶋的、野村的　青島健太
726 最強の中国占星法　東海林秀樹
736 他人と比べずに生きるには　高田明和
742 みっともない老い方　川北義則
763 気にしない技術　香山リカ
771 プロ野球 強すぎるチーム 弱すぎるチーム　小野俊哉
772 人に認められなくてもいい　勢古浩爾
782 エースの資格　江夏 豊
787 理想の野球　野村克也
793 大相撲新世紀 2005－2011　坪内祐三
809 なぜあの時あきらめなかったのか　小松成美
811 悩みを「力」に変える100の言葉　植西 聰
813 やめたくなったら、こう考える　有森裕子
814 老いの災厄　鈴木健二

815 考えずに、頭を使う 桜庭和志
822 あなたのお金はどこに消えた？ 本田 健
827 直感力 羽生善治
836 阪神の四番 新井貴浩
844 執着心 野村克也
850 伊良部秀輝 団 野村
855 投手論 吉井理人
859 みっともないお金の使い方 川北義則

［**思想・哲学**］

032 〈対話〉のない社会 中島義道
058 悲鳴をあげる身体 鷲田清一
083 「弱者」とはだれか 小浜逸郎
086 脳死・クローン・遺伝子治療 加藤尚武
223 不幸論 中島義道
468 「人間嫌い」のルール 中島義道
520 世界をつくった八大聖人 一条真也
555 哲学は人生の役に立つのか 木田 元
596 日本を創った思想家たち 鷲田小彌太
614 やっぱり、人はわかりあえない 中島義道／小浜逸郎
658 オッサンになる人、ならない人 富増章成
682 「肩の荷」をおろして生きる 上田紀行
721 人生をやり直すための哲学 小川仁志
733 吉本隆明と柄谷行人 合田正人
785 中村天風と「六然訓」 合田周平
856 現代語訳 西国立志編
サミュエル・スマイルズ［著］／
中村正直［訳］／金谷俊一郎［現代語訳］

［**歴史**］

005・006 日本を創った12人（前・後編） 堺屋太一
061 なぜ国家は衰亡するのか 中西輝政
146 地名で読む江戸の町 大石 学
286 歴史学ってなんだ？ 小田中直樹
384 戦国大名 県別国盗り物語 八幡和郎
446 戦国時代の大誤解 鈴木眞哉
449 龍馬暗殺の謎 木村幸比古
505 旧皇族が語る天皇の日本史 竹田恒泰
591 対論・異色昭和史 鶴見俊輔／上坂冬子
647 器量と人望 西郷隆盛という磁力 立元幸治
660 その時、歴史は動かなかった!? 鈴木眞哉
663 日本人として知っておきたい近代史［明治篇］ 中西輝政
677 イケメン幕末史 小日向えり
679 四字熟語で愉しむ中国史 塚本青史

704 坂本龍馬と北海道　原口　泉
725 蔣介石が愛した日本　関　榮次
734 謎解き「張作霖爆殺事件」　加藤康男
738 アメリカが畏怖した日本　渡部昇一
740 戦国時代の計略大全　鈴木眞哉
743 日本人はなぜ震災にへこたれないのか　関　裕二
748 詳説〈統帥綱領〉　柘植久慶
755 日本人はなぜ日本のことを知らないのか　竹田恒泰
759 大いなる謎 平清盛　川口素生
761 真田三代　平山　優
776 はじめてのノモンハン事件　森山康平
784 日本古代史を科学する　中田　力
791 『古事記』と壬申の乱　関　裕二
802 後白河上皇「絵巻物」の力で武士に勝った帝　小林泰三
837 八重と会津落城　星　亮一
848 院政とは何だったか　岡野友彦
864 京都奇才物語　丘 眞奈美
865 徳川某重大事件　徳川宗英

［文学・芸術］

258 「芸術力」の磨きかた　林　望
343 ドラえもん学　横山泰行
368 ヴァイオリニストの音楽案内　高嶋ちさ子
391 村上春樹の隣には三島由紀夫がいつもいる。　佐藤幹夫
415 本の読み方 スロー・リーディングの実践　平野啓一郎
421 「近代日本文学」の誕生　坪内祐三
497 すべては音楽から生まれる　茂木健一郎
519 團十郎の歌舞伎案内　市川團十郎
578 心と響き合う読書案内　小川洋子
581 ファッションから名画を読む　深井晃子
588 小説の読み方　平野啓一郎
612 身もフタもない日本文学史　清水義範
617 岡本太郎　平野暁臣
623 「モナリザ」の微笑み　布施英利
668 謎解き「アリス物語」　稲木昭子／沖田知子
707 宇宙にとって人間とは何か　小松左京
731 フランス的クラシック生活　ルネ・マルタン［著］／高野麻衣［解説］
781 チャイコフスキーがなぜか好き　亀山郁夫
820 心に訊《き》く音楽、心に効く音楽　高橋幸宏
842 伊熊よし子のおいしい音楽案内　伊熊よし子
843 仲代達矢が語る 日本映画黄金時代　春日太一